UNIVERSITÉ DE NANCY

FACULTÉ DE DROIT

Responsabilité contractuelle

ET

Responsabilité délictuelle

THÈSE

POUR LE DOCTORAT EN DROIT

PRÉSENTÉE PAR

Albert CHENEVIER

Avocat

Lauréat de la Faculté

L'Acte public sera soutenu le Vendredi 15 Décembre 1899, à 4 heures du soir

Président : M. BOURCART, Professeur.

Suffragants :
M. BINET, Professeur.
M. CARRÉ DE MALBERG, Professeur.

NANCY

IMPRIMERIE ADMINISTRATIVE L. KREIS, RUE SAINT GEORGES, 51

1899

THÈSE

POUR LE DOCTORAT EN DROIT

UNIVERSITÉ DE NANCY

FACULTÉ DE DROIT

Responsabilité contractuelle

ET

Responsabilité délictuelle

THÈSE

POUR LE DOCTORAT EN DROIT

PRÉSENTÉE PAR

Albert CHENEVIER

AVOCAT

LAURÉAT DE LA FACULTÉ

L'Acte public sera soutenu le Vendredi 15 Décembre 1899, à 4 heures du soir

Président : M. BOURCART, Professeur.

Suffragants :
{ M. BINET, Professeur.
{ M. CARRÉ DE MALBERG, Professeur.

NANCY

IMPRIMERIE ADMINISTRATIVE L. KREIS, RUE SAINT GEORGES, 51

1899

FACULTÉ DE DROIT DE NANCY

Doyen : M LEDERLIN, ✳, I Ų.
Doyen honoraire : M JALABERT, ✳, I Ų.
Professeur honoraire : M. LOMBARD (Ad.), ✳, I Ų.
MM. LEDERLIN ✳, I Ų, Professeur de Droit romain, Chargé du
   Cours de Pandectes et du Cours d'Histoire du Droit. (Droit
   français étudié dans ses origines féodales et coutumières).
LIEGEOIS, I Ų, Professeur de Droit administratif et Chargé
   du Cours d'Histoire des Doctrines économiques.
BLONDEL, I Ų, Professeur de Code civil
BINET, I Ų. Professeur de Code civil et Chargé du Cours
   d'enregistrement.
GARNIER, I Ų, Professeur d'Économie politique et, Chargé
   du Cours de Législation financière.
MAY, I Ų, Professeur de Droit romain et Chargé du Cours
   de Pandectes et du Cours de Droit international public (Doc-
   torat).
GARDEIL, I Ų. Professeur de Droit criminel, et Chargé du
   Cours de Législation et Economie industrielles.
BEAUCHET, I Ų, Professeur de Procédure civile et Chargé du
   Cours de Procédure civile (Voies d'exécution), et du Cours
   de Législation et Economie coloniales.
BOURCART, I Ų, Professeur de Droit commercial et Chargé
   du Cours de Droit administratif (Doctorat).
GAVET, I Ų, Professeur d'Histoire du Droit et Chargé du
   Cours d'Histoire du Droit et des Institutions juridiques de
   l'Est.
CHRETIEN, I Ų. Professeur de Droit international public et
   privé et Chargé du Cours de Droit civil approfondi
CARRÉ de MALBERG, A Ų, Professeur de Droit public
   et constitutionnel.
GAUCKLER, I Ų, Professeur de Code civil.
MELIN, Docteur en droit, Chargé de Conférences.
RENARD, Docteur en Droit, chargé de Conférences.
LACHASSE, I Ų, Docteur en Droit, Secrétaire honoraire.
VALEGEAS, A Ų, Docteur en Droit, Secrétaire.

**La Faculté n'entend ni approuver ni désapprouver les
opinions particulières du candidat.**

A LA MÉMOIRE DE MA MÈRE

A MON PÈRE

INTRODUCTION

Le Code ne présente nulle part une théorie de la responsabilité. On en sait la raison : ses rédacteurs, désireux, comme ils l'ont si souvent répété, de faire une œuvre exclusivement pratique, se sont efforcés d'en bannir les généralités.

Aussi n'avons-nous guère, sur la matière dont nous allons aborder l'étude, que ce qu'on pourrait appeler une législation en mosaïque, c'est-à-dire des dispositions d'espèce, applications fragmentaires d'une théorie générale.

L'examen de notre question révèlera facilement les inconvénients d'une telle méthode.

Un Code, pour être véritablement pratique, doit avant tout être clair et accessible à tous. Rédigé dans l'esprit que nous venons d'indiquer, il faut bien convenir que notre Code Civil ne présente pas toujours ces deux qualités à un degré suffisant.

La preuve en est dans les innombrables controverses de la doctrine. Et tel est au reste l'avis de ses commentateurs les plus autorisés.

« Le Code Civil, a dit M. Marcadé, que ses rédacteurs avaient cru devoir être si simple à saisir, s'est trouvé en définitive (par diverses causes qu'il serait trop long de développer ici, notamment le défaut de méthode et les autres vices de rédaction) tellement difficile à comprendre, que les forces d'une seule intelligence, si grande qu'elle fût, n'y pourraient suffire. » (1).

La remarque de M. Marcadé n'est que trop vraie, comme nous l'allons voir, en ce qui concerne le problème de la responsabilité ; car il existe — et c'est déjà trop — un problème de la responsabilité.

En effet, le législateur, fidèle à son dessein, n'ayant nulle part émis de théorie sur la question, force fut aux interprètes d'en édifier une. Ils dépassèrent le but, puisque, ne pouvant se mettre d'accord, ils en édifièrent plusieurs.

S'il faut les féliciter d'avoir ainsi fait preuve de personnalité et d'ingéniosité, on peut, au point de vue de la bonne administration de la justice, regretter cette pluralité de solutions. Car les controverses d'école ont une répercussion sur la jurisprudence ; et celle-ci n'est que trop souvent variable, incertaine et divisée à l'image de la doctrine.

Est-il besoin d'insister sur ce qu'un tel état de chose a de fâcheux ? Outre que, sur un certain nombre de points il encourage l'arbitraire du juge,

---

(1) Marcadé, le Code Civil et ses interprètes, *Revue Wolowski*, année 1846 t. I ; — Voir encore Glasson, *Eléments de Droit français*, introduct.

il contribue à multiplier les procès, par l'indécision dans laquelle se trouvent plongées, relativement à leurs droits, non seulement les parties, mais encore leurs conseils.

Longtemps on s'était contenté du système des premiers commentateurs du Code. Ils s'accordaient à reconnaître qu'il existe dans notre droit deux sortes de responsabilités, — d'une part, celle des articles 1382 et suivants régissant les rapports des personnes en dehors de tout lien contractuel ; d'autre part, celle des articles 1137, 1147 et 1148, réglant les rapports des personnes unies par un lien contractuel. C'était là le système traditionnel, que le législateur avait puisé dans le droit romain et l'ancienne jurisprudence ; il suffisait aux besoins de la pratique, et comme tel, nul n'avait tenté de l'approfondir ou de le discuter.

Mais un jour, on fut contraint de s'apercevoir de son impuissance à résoudre certaines questions nouvelles qui se posaient de plus en plus fréquemment devant les tribunaux. L'incertitude du Code sur certains points, son silence sur d'autres, donnaient lieu à des controverses d'autant plus ardentes qu'elles touchaient, par certains côtés, directement à la question sociale.

C'est alors qu'on fut tout naturellement amené à préciser la théorie des deux responsabilités, à délimiter fermement le domaine de l'une et de l'autre, en un mot à établir une règle qui, s'inspirant le plus fidèlement possible de l'esprit du législateur, pût servir de guide à l'interprète, éclairer les dispositions obscures, suppléer aux absentes.

La tâche apparut difficile — comme toutes les fois qu'il s'agit de préciser une notion juridique.

Quand on veut porter la lumière dans des faits de ce genre, tout s'enchevêtre, se confond. Telle théorie, dégagée à grand'peine serait satisfaisante, si elle ne se heurtait contre un fait isolé, qu'il faut interpréter ou ranger à sa véritable place, avant de continuer son chemin.

C'est le travail des interprètes de remettre tout en ordre. Telle est la tâche qu'ils se sont assignée : dégager peu à peu le droit de sa gangue empirique pour en faire une science, et parvenir à poser des lois qui soient, selon la belle expression de Montesquieu « les rapports nécessaires qui dérivent de la nature des choses ».

Ils sont, dans ce travail, bien mal aidés par l'outillage que leur ont transmis les siècles. La terminologie juridique prête à tous instants à des confusions qui aiguillent l'esprit en de mauvaises directions. Il faut alors revenir sur ses pas, travail inutile et fatiguant. En droit surtout se vérifie le mot du philosophe anglais : « Si les hommes disaient toujours quel sens ils attachent aux termes dont ils se servent, il n'y aurait pas moitié autant d'erreurs et de discussions qu'il y en a. »

C'est sous le bénéfice de ces quelques observations que nous allons aborder l'étude de notre sujet. Pour ne citer dès à présent qu'un exemple,

nous verrons une expression impropre, celle de
« présomption de faute », être prise comme point
de départ de tout un système, et entraîner der-
rière elle dans l'erreur, une partie de la doctrine
et de la jurisprudence.

Ajoutons que les erreurs sont particulièrement graves en matière de responsabilité et que
c'est là que le besoin se fait le plus impérieuse-
ment sentir, d'une théorie générale rationnelle et
précise.

« La responsabilité, a dit M. Labbé (1), est le
plus parfait régulateur de l'activité humaine. »
Elle est en effet en relation directe avec le degré
de civilisation, puisqu'elle tend à donner aux
conflits entre individus une solution pacifique, et
à substituer une réaction juridique à la réaction
brutale, instinctive contre tout dommage.

Aussi ne peut-on s'étonner de l'insuffisance
du Code en ce qui la concerne. Les conditions de
la vie sociale se sont singulièrement modi-
fiées depuis 1804. L'importance du problème
de la responsabilité a toujours été croissant,
et ne peut qu'augmenter. Les raisons en sont
nombreuses; les deux principales nous semblent
être, d'une part la multiplicité de plus en plus
grande des relations entre individus qui crée entre
eux des occasions plus nombreuses de conflits ;
d'autre part le développement de la personnalité
juridique : les hommes se trouvant investis d'un

_____

(1) Labbé, note au S. 86, 4, 25.

plus grand nombre de droits, les connaissant
mieux, se montrent plus impatients des atteintes
qui y sont portées.

Aussi sur quels points voyons-nous que se fit
le plus vivement sentir l'insuffisance du Code
Civil ? Ce fut d'abord en matière d'accidents du
travail, — conséquence évidente du développement du machinisme et de la grande industrie.
Ce fut ensuite en matière de risque locatif, —
conséquence du développement considérable des
villes, de l'accumulation de leurs habitants dans
la promiscuité continuelle des grandes maisons
de rapport, appartenant à un seul propriétaire ; ce
fut encore en matière de contrat de transport de
personnes, conséquence forcée de l'invention des
chemins de fer.

Ces quelques exemples indiqueront suffisamment l'utilité de la question que nous nous proposons de traiter — ils expliquent le mouvement
doctrinal important dont elle fut l'objet durant ce
dernier quart de siècle.

Les divers systèmes proposés se ramènent
à deux écoles, d'une part celle de la dualité,
d'autre part celle de l'unité de la responsabilité.

La question était celle-ci : y a-t-il vraiment
deux responsabilités, comme on l'avait cru jusqu'alors, c'est-à-dire distinctes, l'une contractuelle, l'autre délictuelle ? Quelles sont les règles
précises de chacune d'elles, quel est leur domaine ?

Ou bien ne sont-elles que deux faces d'une même responsabilité, diverse seulement en ses applications, unique en son principe, malgré la distinction que le législateur a semblé vouloir marquer, que peut-être même il a cru faire ?

Pour résoudre le problème ainsi posé, nous ferons en premier lieu l'historique de la question, jusqu'à la naissance de la controverse exclusivement.

Puis, documentés sur le passé, nous exposerons cette controverse d'une façon générale, indiqant d'abord, appréciant ensuite les arguments fournis de part et d'autre. Ceci nous amènera à proposer une solution que nous essaierons de justifier.

Enfin, dans une dernière partie, nous verrons les systèmes en présence dans leurs applications pratiques ; nous chercherons leur influence sur la doctrine et la législation.

Nous ne nous dissimulons pas qu'en proposant sur quelques points une solution personnelle, nous ajoutons un système encore à tant d'autres qui se recommandent de noms et de lumières infiniment plus autorisés.

Notre excuse est dans notre intention.

Frappé des inconvénients que présente en matière de responsabilité la diversité des opinions doctrinales, nous avons tenté de les concilier entre elles. Cet unique souci résume notre méthode.

Aurions-nous échoué dans cette tâche que notre effort ne serait pas stérile, s'il est vrai que les hypothèses, même fausses sont précieuses, par le soin que les esprits mieux informés mettent à les combattre.

CHAPITRE PREMIER

Historique

§ I

D'une façon générale, la responsabilité juridique consiste, comme son nom l'indique, à *répondre* de son fait en tant qu'il est dommageable à autrui.

Nous laisserons de côté la sanction pénale que la loi attache à certains de ces faits dommageables, en tant qu'ils portent une atteinte grave aux principes sur lesquels se fonde l'ordre social. C'est là le domaine spécial de la responsabilité pénale dont nous n'avons pas à nous occuper.

Nous ne considérerons ici les faits dommageables, qu'en tant qu'ils portent atteinte à un intérêt purement privé, et qu'ils sont sanctionnés par une réparation pécuniaire. Tel est le domaine de la responsabilité civile que l'on peut définir, l'obligation pécuniaire de réparer, dans certains cas, le dommage que l'on cause à autrui.

Quels sont ces cas ? Là est toute la question. Pour l'étudier nous aurons souvent à opposer les termes de responsabilité délictuelle et responsabilité contractuelle. Que faut-il entendre par ces expressions ?

Le dommage causé à une chose peut être imputable, soit à la faute d'une personne qui, l'ayant reçue du propriétaire, avait pris à charge de la conserver et de la rendre ; soit à celle d'une personne avec laquelle le propriétaire n'avait pas contracté. L'incendie d'une maison, par exemple, peut être le fait d'un locataire, ou d'un propriétaire voisin.

La responsabilité est dite contractuelle toutes les fois qu'elle a sa source dans un contrat, sans lequel elle n'existerait pas. Telle est ici la responsabilité du locataire.

Elle est dite délictuelle, au contraire, quand elle se produit en dehors de tout lien contractuel, et qu'elle résulte par conséquent d'un délit ou d'un quasi délit. Telle serait celle du propriétaire voisin.

Faisons encore remarquer que, par responsabilité délictuelle, nous entendrons la responsabilité civile dérivant aussi bien d'un délit pénal, que d'un délit civil. Dans les deux cas en effet, elle est de même nature. Il n'y aurait intérêt à la distinguer qu'à deux points de vue auxquels nous ne nous arrêterons pas, celui de la juridiction compétente et celui de la prescription de l'action.

§ II

Quelle fut en droit romain la théorie de la responsabilité ?

Nous allons assister à son élaboration historique. Nous verrons les notions juridiques, primitivement confuses, se différencier peu à peu, pour aboutir à la distinction qui nous occupe entre les deux espèces de responsabilités (1).

Un premier caractère de la responsabilité dans l'ancien droit est que, au lieu d'être, comme chez nous, rationnellement fondée sur l'idée subjective de faute, elle est fondée sur l'idée objective de lésion. L'individu lésé réagit immédiatement et violemment contre le dommage, sans prendre le temps de s'inquiéter de la culpabilité ou de la non-culpabilité de l'auteur.

_____

(1) V Ihering. *L'esprit du Droit romain* : t. I, p. 129. — Et surtout *De la faute en Droit privé* (Trad. Meulenære) ; — Tarbouriech. *Respons. délict. et contract.* ; — May, *Élém. de Droit rom.*, 1890, II, p. 248 ; — Accarias, nᵒˢ 662, s. ; — Maynz, *D. rom.*, II, § 352, p. 425 ; § 258, p. 6.

C'est ainsi qu'il arrivait de punir l'innocent, même l'animal (1). Par exemple, celui qui sans faute avait causé la mort d'autrui, subissait la peine du talion, jusqu'à ce qu'une loi plus douce attribuée à Numa, eût permis de racheter cette peine au moyen d'un bélier, « le bouc émissaire » des anciens. Le recéleur, même de bonne foi, était condamné au triple (2). En cas d'éviction, le vendeur répondait du double du prix de la chose, même encore s'il était de bonne foi (3).

Mais peu à peu le droit se perfectionne. Il se « spiritualise », en ce sens qu'à l'idée matérielle de lésion se substitue l'idée psychologique de *faute*. — La responsabilité prend possession de sa base rationnelle et vraiment juridique. « *Consilium uniuscujusque, non factum puniendum est.* » (4).

Cicéron nous offre la preuve de cette évolution, lorsque dans le *Pro Tullio* il s'élève contre les errements de l'ancienne jurisprudence, et proclame comme un principe de droit naturel qu'il faut punir non le fait, mais l'intention : « *Hæc enim tacita lex est humanitatis, ut ab homine consilii non fortunæ pœna repetatur* » (5).

Une deuxième particularité de l'ancien droit romain est que l'idée de réparation pécuniaire n'est pas distincte de l'idée de peine. La respon-

---

(1) Ihering, *Esp. du D. rom.*, t. I, p. 129.

(2) Gaïus, III, § 186-187.

(3) Paul, S. R. II., 17, § 3.

(4) Paul, *id.*, V, 23, § 9.

(5) Cicéron, *Pro Tullio*, § 51.

sabilité, pour employer notre terminologie, est uniquement délictuelle. L'indemnité ne se mesure pas au préjudice causé. C'est bien plutôt une amende, survivance des *compositions*, payée à la victime du dommage, en compensation de la vengeance privée à laquelle elle a droit.

La responsabilité avait ce caractère délictuel alors même qu'elle résultait de l'inexécution des contrats (1).

Nous voyons en effet dans Gaïus (2) que le maître d'un navire, l'aubergiste, le propriétaire d'une étable sont responsables du dommage causé aux objets ou aux animaux à eux confiés, parce qu'ils sont considérés comme coupables d'un délit. Ils sont en effet condamnés à une amende qui est du double de la valeur de l'objet.

D'autre part le dépôt, comme tel, n'engendre point d'obligation ; il est seulement l'occasion d'un délit qui lui, engendre une obligation (3).

De même pour le mandat sanctionné d'abord par une *actio damni nomine* que Gaïus s'étonne de voir concourir avec l'*actio mandati* (4).

Nous voyons encore dans Cicéron (*Pro Roscio* 9, § 26) que l'action *pro socio* contient le reproche *furti ac fraudis*.

Remarquons encore que, même en droit clas-

---

(1) Voir sur ce sujet Grandmoulin, thèse sur « *l a nature délictuelle de la responsab. en droit romain et français.* » Rennes 1892.

(2) Instit , l IV, t. V, § 3.

(3) L. 81, § 1, D. de solut., 46, 3

(4) Gaius, III, 215-216.

sique, l'action contre le tuteur ne peut être intentée contre les héritiers (1) ce qui paraît être une survivance de la nature primitivement délictuelle de cette action.

Dans bien d'autres cas encore nous voyons une *peine* frapper des fautes purement contractuelles. C'est une peine qui frappe celui qui succombe dans la procédure *per sacramentum* ; jusque dans la procédure formulaire on trouve nombre de cas ou des peines frappent celui qui perd le procès (2).

Nous ne pouvons entrer dans une démonstration plus approfondie. Mais ces exemples ne suffisent-ils pas à établir que, dans le premier droit romain, la responsabilité était uniquement délictuelle ? Ce n'est au reste pas là une idée nouvelle.

« Les actions de délit spécial dit Ihéring contenaient en germe maintes actions de contrat qui se développèrent plus tard..... L'idée de force obligatoire n'a pu se faire jour qu'après avoir dépouillé la forme du délit. »

Par ces quelques exemples, nous voyons que non seulement l'ancien droit ne distinguait pas la responsabilité contractuelle de la responsabilité délictuelle, mais encore qu'il confondait cette dernière avec la responsabilité pénale proprement dite.

Telle était la confusion des notions juridiques en ces temps primitifs où elles n'avaient encore pas eu le temps de s'élaborer.

---

(1) L. 4, D. de mag. conv , 27, 8.

(2) Citons simplement la *sponsio pœnalis*.

Nous en allons trouver une nouvelle preuve dans le 3ᵐᵉ chef de la loi *Aquilia*, disposition qui se rapproche le plus de notre art.1382, puisqu'elle porte: « A l'égard des autres choses, exception faite des hommes et des animaux, celui qui aura causé quelque dommage, en brûlant, rompant, brisant, sera condamné à donner au maître de la chose le plus haut prix qu'elle aura valu dans les trente jours qui auront précédé le délit. » (L. 27, § 5, D. Ad. leg. Aquil. 9, 2). On voit que l'auteur du délit est condamné, non pas à réparer le dommage causé à autrui, mais à payer une somme qui peut être supérieure à la valeur actuelle de la chose. Il y a donc là une peine. Et ce qui ne laisse aucun doute sur l'existence d'un élément pénal dans l'action aquilienne, c'est qu'elle est de celles « *qui crescunt ad duplum per infitiationem* » (1).

Donc, au début, confusion entre la responsabilité pénale et la responsabilité civile d'une part; entre la responsabilité délictuelle et la responsabilité contractuelle d'autre part. « C'est en vain, dit Murhead (2), qu'on cherche dans la Rome royale, une ligne de démarcation bien nette entre les crimes, les délits et les atteintes civiles... Il est difficile de tracer la limite entre les différentes classes d'offenses, d'affirmer de l'une qu'elle était un péché, d'une autre qu'elle était un crime, d'une

---

(1) L. 2, § 1, D. Ad. leg. Aquil, IX, 2 ; G. IV, 9.

(2) Murhead, *Introduct. historiq. au dr. privé de Rome*, trad. Bourcart, p. 66 et 67.

troisième qu'elle n'était qu'un tort civil fait à un particulier. Elles s'entrecroisaient. »

Nous n'indiquerons pas comment s'est formé à Rome un droit criminel indépendant du droit civil ; comment dans la loi des xii Tables où cette confusion est encore évidente, apparaissent déjà les *crimina publica* jugés par le *comitiatus maximus* ; comment enfin se développa cet embryon de droit pénal, par l'extension des cas de *crimina publica,* et leur soumission aux tribunaux permanents. Qu'il nous suffise d'indiquer la distinction très nette que l'on faisait, à l'époque classique, entre les actions dites *pœnales, quœ pœnam persequntur* et les actions dites *reipersecutoriœ,* qui vont à la réparation du dommage.

Rappelons brièvement l'intérêt de cette division, qui se présente notamment au point de vue de la transmissibilité. L'action pénale est transmissible activement aux héritiers de la victime du délit, si ce n'est au cas d'injure. Mais elle ne l'est pas passivement contre les héritiers du délinquant, lesquels ne sont tenus que d'une action *in factum* en restitution du bénéfice que leur a procuré le délit.

Au contraire, l'action réipersécutoire est — sauf de rares exceptions — activement et passivement transmissible.

Ajoutons que l'action reipersécutoire ne se donne qu'exceptionnellement *in solidum,* tandis que l'*actio pœnalis* est toujours intentée pour le tout contre chacun des délinquants.

Nous voudrions par contre montrer avec quelque détail, comment, la responsabilité une fois fondée sur l'idée de faute, l'évolution juridique aboutit à la distinction entre la responsabilité issue d'une faute délictuelle, et celle issue d'une faute contractuelle.

Gaïus pose la base de cette distinction lorsqu'il dit : « *Obligationes aut ex contractu nascuntur, aut ex maleficio, aut proprio quodam jure ex variis causarum figuris* » (1).

Les obligations naissent donc d'un délit ou d'un contrat. Les *variæ causarum figuræ* rentrent facilement dans cette division, et ne sont pas à proprement parler une troisième cause d'obligations. L'intérêt qu'il y a à distinguer apparaît notamment au point de vue de la prestation des fautes. La théorie des fautes contractuelles en effet, diffère absolument de celle des fautes délictuelles. Nous allons résumer rapidement l'une et l'autre.

Responsabilité contractuelle. — 1° Le débiteur répond toujours de son dol ou de sa faute lourde, celle-ci étant assimilée au dol. Il y a dol lorsque l'inexécution de l'obligation tient à la mauvaise foi du débiteur ; quant à la faute lourde, *vicina doli*, elle consiste à « *non intelligere quod omnes intelligunt* » (2).

2° Le débiteur répond de sa faute légère d'après

---

(1) Gaïus. III, 88 — IV, 22 ; — Inst., § 2, t. XIV ; — Loi 1, pr., D. *De ob. et act* , 44, 7.

(2) L. 213, § 2, D. *De verb. sign.*, 50, 16.

les circonstances de l'espèce. La faute légère, (*culpa levis* ou plus souvent *culpa*) est celle que ne commettrait pas un bon père de famille (1). Toutefois la diligence exigée peut être plus ou moins considérable. On peut apprécier la faute selon le type abstrait d'un père de famille idéal ; c'est la *culpa levis in abstracto* des interprêtes ; ou prendre, comme mesure de la faute, la diligence que le débiteur a coutume d'apporter au soin de ses propres affaires : c'est la *culpa levis in concreto* (2).

Quant au domaine d'application de l'une et l'autre faute, le droit romain n'offre sur ce point, à proprement parler, aucune doctrine symétrique. Il y a beau temps que la théorie des trois fautes imaginée par les interprêtes a vécu (3) ; les jurisconsultes classiques étaient trop bons praticiens pour songer un instant à enfermer la théorie des fautes dans des règles dogmatiques aussi précises et impératives.

On ne peut pas dire, en effet, que la responsabilité du débiteur désintéressé dans le contrat se restreint au dol et à la faute lourde, ce qui serait exact du commodant et du dépositaire, mais faux du mandataire, du gérant d'affaires et du tuteur. On ne peut non plus affirmer que la responsabilité

---

(1) L. 25, Pr., D. *De probat.,* 12, 3 ; — L. 32, D. *Deposit.,* 16, 3.
(2) V. Inst., l. III, t. 25, § 9.
(3) Cette théorie déjà battue en brèche par Lebrun, a été victorieusement réfutée par Hasse.

du débiteur engagé dans son propre intérêt, voire même dans son intérêt exclusif,comprend la *culpa levis in abstracto* ; une pareille règle, vraie du vendeur, du commodataire, du gagiste, serait inexacte à l'égard de l'associé, du précariste, etc...

Il faudrait procéder, non par une théorie. mais par une énumération. Les décisions spéciales à chaque contrat s'y justifieraient par des motifs particuliers.

3° Le débiteur n'est jamais tenu du cas fortuit. « *Casus a nullo præstatur* » (1).

Il y a toutefois exception à cette règle dans le cas où la dette est une dette de genre. Le cas fortuit ne libère point le débiteur : ce dernier ne peut invoquer la perte de la chose puisqu'il est tenu de représenter non cette chose mais des choses de même nature, valeur et bonté. En pareil cas, on peut dire que la faute contractuelle du débiteur embrasse même le cas fortuit, puisqu'il en est responsable. La notion de faute est ici bien distincte de la notion de délit.

Lorsque le débiteur est en faute, quelle est l'étendue de sa responsabilité ? Il doit réparer *id quod interest, quanti mea interest*. Les interprètes distinguent sans grand intérêt le *lucrum cessans* et le *damnum emergens*. La règle est que le débiteur n'est responsable que du dommage prévu, ou qu'on a pu prévoir lors du contrat (2).

---

(1) Loi 9, § 3-4, D. 19, 2.
(2) L. 43, *in fine*, D. 19, 1; — Maynz, t. 2, § 261 et notes 10 et 11.

Quant à la question de preuve, en principe, c'est au débiteur à démontrer l'absence de faute de sa part ; il se prétend libéré ; il doit établir la cause de sa libération. Cette règle, absolue en ce qui concerne la *culpa levis*, doit peut-être fléchir en ce qui concerne la *culpa lata*. Le dol, en effet, ne se présumant jamais, la faute lourde d'autre part lui étant assimilée, on conçoit que ce soit au créancier à la prouver en justice (1).

Responsabilité délictuelle. — Les caractères principaux de la responsabilité contractuelle nous étant connus, il va nous être facile de déterminer par quels points elle se distingue de la responsabilité délictuelle (2). Elle en diffère d'abord en sa cause, et cette différence en entraîne un grand nombre d'autres.

D'abord, quant au *criterium* de la faute. Nous avons vus quels caractères devait présenter la faute contractuelle. Elle doit être celle que ne commettrait pas un bon père de famille dans le soin de ses affaires. Au contraire, en matière délictuelle la faute la plus légère suffit. « *In lege aquilia, et culpa levissima venit.* »

---

(1) L. 23, D., *De reg. jur.*, 22, 3.

(2) Par responsabilité délictuelle nous entendons aussi bien celle née d'un délit que celle née d'un quasi-délit. Rappelons qu'à Rome la distinction entre le délit et le quasi-délit n'était pas la même qu'en droit français. On ne s'inquiétait nullement de l'intention de nuire. Nous voyons, en effet, que le *damnum legis Aquiliæ* intentionnel ou non est toujours un délit L'opinion générale est qu'on nommerait délits les faits prévus par l'ancienne loi civile, et quasi-délits, ceux sanctionnés par la jurisprudence prétorienne.

Ensuite, quant à l'influence de cette faute sur la naissance de la responsabilité. La faute délictuelle, par sa seule vertu la fait naître. La faute contractuelle ne l'entraîne qu'accessoirement. Elle suppose, en effet, un contrat antérieur, inexécuté, à propos duquel elle s'est produite.

Autre différence relative à l'administration de la preuve. En matière contractuelle, nous avons vu que c'est au débiteur à prouver qu'il n'est pas en faute. Nous avons expliqué pourquoi. En matière délictuelle, au contraire, c'est au créancier éventuel à faire la preuve du délit, fait générateur de son droit prétendu.

Signalons enfin que la capacité nécessaire pour engager sa responsabilité, est plus large dans les délits que dans les contrats. Les seules personnes irresponsables de leur délits sont les insensés, les personnes privées de discernement. Toutes les autres incapacités relatives aux contrats sont inapplicables ici.

Peu nous importe après cela que quelques auteurs (1) aient soutenu, sans grande force d'ailleurs, qu'à Rome, toute responsabilité était délictuelle.

Ceci fut vrai, nous l'avons dit, à l'origine ; mais combien difficile à soutenir pour l'époque classique !

---

(1) Robin, Thèse sur la *Responsab. notamment au point de vue de la preuve*, Paris, 1887 ; — Tarbouriech. Thèse de droit romain sur la *Responsab. délict. et cont.*, Besançon, 1889.

Il est probable que les jurisconsultes qui distinguaient toujours, avec un soin si particulier, la faute contractuelle de la faute délictuelle, avaient quelque bonne raison d'en user ainsi. Il faut bien admettre que les auteurs entendaient mettre, à leur ordinaire, des idées sous les mots lorsqu'ils affirmaient ; «*Plurimum interest utrum ex delicto aliquis, an ex contractu debitor sit* » (1) ; — ou encore lorsque, inspirés par une sorte de prescience, ils répondaient d'avance au système que nous indiquions plus haut, en spécifiant avec toute la netteté désirable : « *Quamvis enim pœnales videantur actiones, tamen ex contractu veniunt* » (2).

Aussi ne reviendrons-nous pas sur les différences caractéristiques que nous avons marquées, différences qui, nous le verrons, ne sont pas arbitraires, mais profondément justifiées en raison.

Nous nous contenterons de résumer nos explications, en disant que si au début, dans une époque où comme nous l'avons montré, les notions sur la responsabilité étaient incertaines et embrouillées, on a assigné le délit comme base à toute responsabilité même contractuelle, l'évolution juridique a fait justice de ce système primitif, et a rendu chaque responsabilité autonome, différente quant à ses principes et quant à son domaine d'application.

---

(1) *Instit.*, l. IV, t. 16, § 2 *in fine.*
(2) L. 23, § 4, D., *De œd. ed.*, 21, 1.

A ce premier point de vue, la théorie de la dualité de la responsabilité nous apparaît donc comme un progrès, au moins au sens étymologique du mot.

§ III

L'ancien droit n'a eu garde de laisser tomber la distinction posée par le droit romain entre la responsabilité délictuelle et la responsabilité contractuelle. Il s'est approprié la doctrine que nous venons d'exposer. Quelques citations suffiront à l'établir.

Nous lisons dans Domat (*Lois civiles*) :

« Il est trois sortes de fautes dont il peut arriver quelque dommage : celles qui vont à crime ou à délit ; celles des personnes qui manquent aux engagements des conventions, comme un vendeur qui ne livre pas la chose vendue, un locataire qui ne fait pas la chose dont il est tenu ; et celles qui ne vont pas à un crime ou un délit, comme si, par légéreté on jette par la fenêtre quelque chose qui gâte un habit ; si des animaux mal gardés font quelque dommage ; si on cause un incendie par imprudence ; si un bâtiment qui menace ruine tombe sur un autre et y fait quelque dommage. »

Nous voyons ici, faite aussi nettement que possible, la distinction entre la responsabilité contractuelle d'une part, délictuelle et quasi-délictuelle d'autre part.

C'est d'ailleurs chez les anciens interprètes une doctrine universellement admise (1). Il y a deux sortes de fautes portant deux sortes de responsabilités :

1° La faute délictuelle « on appelle délit le fait par lequel une personne, par dol ou malignité, cause du dommage ou quelque tort à une autre. »

« Le quasi-délit est le fait par lequel une personne sans malignité, mais par une imprudence qui n'est pas excusable, cause quelque tort à une autre. » (Pothier, *Ob.*, n° 116) (2).

2° La faute contractuelle. Elle n'a lieu qu'au cas d'inexécution de l'obligation qui incombe au débiteur en vertu d'un contrat.

Ces deux fautes, distinctes en leur principe, étaient soumises à des règles différentes, particulièrement quant à l'appréciation de la faute et à la charge de la preuve.

En effet, en matière délictuelle « toutes fautes, si légères qu'elles puissent être » (3) engagent la responsabilité de celui qui les a commises. On reconnaît la règle romaine « *in lege Aquilia et culpa levissima venit* » (4).

Au contraire, en matière contractuelle, ils dis-

---

(1) Voir notamment Pothier, oblig. n°ˢ 116 à 124 ; — 453.

(2) Nous voyons ici la notion moderne du délit et du quasi-délit, différente de celle que l'on avait à Rome. En ce sens, encore, il n'y a pas à distinguer à notre point de vue. Nous comprendrons la responsabilité qui découle de l'un et de l'autre sous le terme général de responsabilité délictuelle.

(3) Domat, *Lois civ.*, l. 2, t. 8, sect. 4.

(4) L. 44, D., *Ad leg. Aquil.*

tinguent trois degrés dans la faute, par une interprétation, que nous savons erronée, des textes du
Digeste. « La loi 5, § 2, ff. *commodat.*, dit Pothier,
donne cette règle que, lorque le contrat ne concerne que la seule utilité de celui à qui la chose
doit être donnée ou restituée, le débiteur qui s'est
obligé à la donner ou la restituer, n'est obligé
qu'à apporter de la bonne foi à la conservation de
la chose et n'est tenu par conséquent, à cet égard,
que de la faute lourde, qui à cause de son énor-
mité tient du dol.... Si le contrat concerne l'utilité
commune des deux contractants, le débiteur est
tenu d'apporter à la conservation de la chose qu'il
doit, le soin ordinaire que les personnes prudentes
apportent à leurs affaires, et il est tenu en conséquence de la faute légère.... Si le contrat n'est fait
que pour la seule utilité du débiteur... il est obligé
à apporter à la conservation de la chose, non seulement un soin ordinaire, mais tout le soin possible ; et il est tenu en conséquence de la faute la
plus légère. » (1).

En ce même sens : Vinnius, *Instit. Quibus modis
re contrahitur oblig.* ; — Heineccius, *Element,
juris.*, § 783 et suiv. (2).

La différence entre les deux responsabilités est
bien mise en évidence au cas de demeure. En
effet, le débiteur en demeure n'est-il pas respon-

---

(1) Pothier, *Traité des Obl.*, n° 142.

(2) Cette théorie des trois degrés de fautes était toutefois com-
battu par Lebrun dans son essai sur la prestation des fautes.

sable des cas fortuits, alors même qu'il n'y aurait pas faute au sens délictuel du mot ? (1).

Elle s'accuse encore, de la même façon qu'en droit romain, quant au mode de preuve et à la capacité de l'agent responsable.

En résumé, il apparaît nettement que, dans l'ancien droit, on distinguait soigneusement deux responsabilités. Et ce n'était pas une pure question de mots, puisque ces deux responsabilités, distinctes en leur principe, étaient soumises à des règles différentes.

§ IV

Les commentateurs du Code ont admis tous, sauf Duranton (2), la distinction que nous pouvons maintenant appeler traditionnelle, entre les deux espèces de responsabilités. Nous nous contenterons de citer un passage caractéristique de Marcadé (3).

« Remarquons bien, dit-il à propos de la responsabilité née d'un délit, que c'est de la violation d'un devoir proprement dit qu'il s'agit, d'un de ces devoirs généraux existant au profit de toutes personnes ; et non pas de la violation d'un devoir existant spécialement de telle personne déterminée à telle autre personne déterminée et qui constitue *l'obligation*. Les violations d'obligations

(1) Pothier, *Loc. cit.*
(2) Duranton, t. 13, p. 710.
(3) Marcadé, sur l'art. 1382.

sont prévues par la section 4 du chapitre III du titre précédent (art. 1146-1155). Le Code ne s'occupe plus ici sous le nom de *délits et quasi délits* que des violations de devoirs généraux..... Ce n'est pas seulement pour la rectitude des idées que la distinction doit être faite ; elle a aussi de l'importance pratique... »

Dans le même esprit, Demolombe proclame que les règles de la faute contractuelle ne sont pas applicables à la faute délictuelle (1).

Quelle est donc la différence qui sépare les deux sortes de fautes, partant ces deux sortes de responsabilités ? C'est ce que nous allons rechercher en nous attachant à déterminer, d'après les auteurs, les caractères propres à chacune d'elles. La théorie de la responsabilité qui va suivre, nous offrira l'état de la question lorsque naquit la controverse dont nous nous occuperons aux chapitres suivants.

La responsabilité de l'homme est engagée quand il commet une faute. Il peut en commettre :

1° En manquant à ses engagements ;

2° En commettant un délit ou un quasi-délit.

Dans le premier cas, il y a lieu à responsabilité contractuelle ; dans le second cas, il y a lieu à responsabilité délictuelle.

---

(1) Demolombe, *Cont.*, t. 8, nᵒˢ 473 et suiv. ; — Dans le même sens Laurent, t 20, nᵒ 462 ; — Aubry et Rau, t. 4, § 446, note 7 ; — Colmet de Sauterre, t. 7, nᵒ 179 *bis*, I ; — Sourdat, *Traité de la resp.*, t. 1, nᵒˢ 655 et suiv.

I. Eléments de la responsabilité contractuelle. —
Elle a son fondement dans le lien de droit créé
par l'obligation.

Nous savons que les conventions obligent, non
seulement à ce qui est exprimé, mais à toutes les
suites que l'équité, l'usage ou la loi donnent à
l'obligation d'après sa nature (C. civ., art. 1135).
Or, la principale de ces suites consiste dans les
dommages-intérêts, qui sont dus à l'une des parties
par celle qui n'exécute pas son obligation. Mais
encore faut-il qu'il y ait faute de sa part. L'article
1137 nous donne le *criterium* de cette faute. C'est
le seul texte qui contienne la théorie du législateur
sur la matière. Il doit donc être considéré comme
régissant aussi bien les obligations de faire et de
ne pas faire que celles de donner.

« *L'obligation de veiller à la conservation de la
chose, soit que la convention n'ait pour objet que
l'utilité d'une des parties, soit qu'elle ait pour objet
leur utilité commune, soumet celui qui en est chargé
à y apporter tous les soins d'un bon père de famille.*

*Cette obligation est plus ou moins étendue rela-
tivement à certains contrats, dont les effets, à cet
égard, sont expliqués sous les titres qui les
concernent.* »

Ce texte est généralement considéré comme
abrogeant la division tripartite des fautes selon
Pothier (1). Et il paraît en effet bien certain,

_____

(1) Contra Duranton, t. 10, nᵒˢ 398 et 409. Demolombe admet
que le Code civil abroge la division tripartite, mais seulement en

comme résultant de l'exposé des motifs présenté par M. Bigot Préameneu (1), et du rapport au tribunal de M. Favard (2), que telle a été l'intention des rédacteurs du Code. Ils ont voulu remplacer la doctrine des anciens commentateurs par une règle moins systématique et absolue.

« Il n'existe plus qu'un degré de faute, dit M. Laurent, la légère. Tout débiteur en est tenu. Il n'y a d'autre exception à cette règle que celles qui découlent d'un texte formel » (3).

En quoi consiste cette faute? Elle consiste à ne pas apporter « à l'accomplissement du fait qu'il est chargé d'exécuter, ou à la garde de la chose qu'il est tenu de conserver, tous les soins d'un bon père de famille, c'est-à-dire la diligence qu'un homme attentif et soigneux apporte communément à l'administration de ses affaires » (4).

Les dérogations à la règle de l'article 1137 sont assez nombreuses. Elles tendent presque toutes à en atténuer la rigueur (5).

Par contre, il en est qui aggravent la situation du détenteur. Tels sont les articles 1733, 1734, 1784, 1954 du Code civil. La diligence exigée dans ces divers cas ne s'arrête qu'au cas fortuit ou à la

ce qu'elle avait d'artificiel en « tarifiant d'avance toutes les responsabilités qui sont si diverses. »
(1) Locré, *Législat*, t. 12, p. 326, n° 32.
(2) *Ibid.*, p. 441, n° 2.
(3) Laurent, *Droit civ.*, t. 16, n°s 213 à 232.
(4) Aubry et Rau, t. 1, § 308.
(5) V. art. 804, 1374, 1927, 1992, C. civ.

force majeure. Il est donc tenu de la faute la plus légère.

Telle est, très rapidement exposée, l'économie du système adopté par le Code. En voici la justification :

« Dans les contrats, l'on suit la foi du débiteur. C'est volontairement qu'on lui livre ou qu'on lui laisse la chose dont il s'est constitué gardien... Il ne la détient que par la confiance du créancier : ce créancier a su avec qui il traitait ; il a pu faire la loi, dicter ses conditions, imposer une responsabilité plus ou moins grande. N'ayant rien stipulé de particulier à cet égard, il faut supposer qu'il n'a compté que sur les précautions que suggère la prudence commune et ordinaire aux hommes rangés et attentifs, et qu'il n'a pas exigé de son co-contractant, cette prudence extrême et insolite que la nature a refusée au commun des hommes » (1).

D'après les interprètes que nous venons de citer, la responsabilité contractuelle dérive donc tout à la fois du contrat et d'une faute du débiteur.

Quant à la preuve de cette faute, elle est régie par les art. 1302 et 1315 du Code civil.

---

(1) Troplong, *De la vente*, n° 373.

Sur la théorie de la prestation des fautes, outre les anciens auteurs cités plus haut, voir : Ducaurroy, *Instit. expliquées*, t. 2, p. 209 (6° édit.) ; — Toullier, t. 6, 230 et s. ; - Duranton, t. 10, 397 ; — Demante et Colmet de Sauterre, t. 5, n° 54 *bis*, I et II ; — Demolombe, t. 24, n° 402 et suiv. ; — Aubry et Rau, t. 4, § 306 et note 29.

Art. 1315. — « *Celui qui réclame l'exécution d'une obligation doit la prouver.*

Réciproquement, celui qui se prétend libéré, doit justifier le paiement, ou le fait qui a produit l'extinction de son obligation. »

L'art. 1302 ne fait qu'appliquer ce principe au débiteur de corps certain.

C'est donc au débiteur à faire la preuve qu'il n'est pas en faute.

Pour que les dommages-intérêts soient dus, il faut de plus que le débiteur soit en demeure (art. 1146). La majorité des auteurs considèrent la mise en demeure comme une condition essentielle de la responsabilité. Pour d'autres (1) elle n'est qu'un moyen de constater cette faute spéciale qui consiste dans le retard à exécuter l'obligation, les autres fautes se constatant par les moyens ordinaires.

Enfin les dommages-intérêts comprennent deux éléments : la perte proprement dite (*damnum emergens*) et le gain dont le créancier a été privé, (*lucrum cessans*). Si l'inexécution n'est pas la conséquence d'un dol du débiteur, l'indemnité comprend seulement les dommages qui ont été prévus ou qu'on a pu prévoir lors du contrat (art. 1150). Au cas de dol du débiteur ce dernier répond de tout ce qui est une suite immédiate et directe de l'inexécution, mais de cela seulement (art. 1151).

_____

(1) Notamment Laurent, t. 16, nᵒˢ 251 et 5.

Telle est, dans ses grandes lignes, la théorie de la responsabilité contractuelle, telle qu'elle ressort de l'œuvre des commentateurs du Code.

II. *Eléments de la responsabilité délictuelle.* — La responsabilité dite délictuelle a son principe dans l'art. 1382 du Code civil :

« *Tout fait quelconque de l'homme, qui cause à autrui un dommage, oblige celui par la faute duquel il est arrivé à le réparer.* »

« Tout individu est garant de son fait. C'est une des premières maximes de la société ; d'où il suit que si ce fait cause quelque dommage à autrui, il faut que celui par la faute duquel il est arrivé soit tenu à le réparer.... La loi ne peut balancer entre celui qui se trompe et celui qui souffre. Partout où elle aperçoit qu'un citoyen a éprouvé une perte, elle examine s'il a été possible à l'auteur de cette perte de ne pas la causer ; et si elle trouve en lui de la légèreté ou de l'imprudence, elle doit le condamner à la réparation du mal qu'il a fait » (1).

La responsabilité qui nous occupe a sa source dans un délit ou un quasi délit. Ils se distinguent par l'intention, malveillante ou non, de celui qui les a commis. Tous deux engendrent une responsabilité identique. Il n'y a aucun intérêt, à notre point de vue, de les distinguer.

---

(1) Rapport au Tribunat par le tribun Bertrand de Greuille, au nom de la Section de législation, séance du 16 pluviôse an XII.

Pour qu'il y ait lieu à responsabilité délictuelle, il faut :

1° Un dommage, matériel ou moral ;

2° Une faute. On peut la définir l'omission ou la violation d'un devoir légal. Il n'est pas sans difficulté de préciser ce devoir légal (1).

La faute la plus légère suffit. Toutefois prendre garde de faire, comme le dit Proudhon « le procès à la fragilité humaine »

N'est pas en faute celui qui ne fait qu'exercer un droit (2).

Toutefois lorsque l'exercice d'un droit cause un dommage, il y a faute de la part de celui qui l'exerce, lorsque ce dommage « résulte d'un mode d'exercer son droit qui n'a point d'utilité pour son auteur » (3). Autrement dit, si, parmi plusieurs modes d'exercer mon droit, je choisis sans qu'il y ait à cela intérêt pour moi, un mode préjudiciable à autrui, je suis en faute.

Pour qu'il y ait faute il faut qu'il y ait *imputabilité* de la part de l'agent. Cette condition ne sera pas remplie si l'agent n'a pas conscience de ses actes, s'il manque de discernement (4). Il n'y aura pas non plus imputabilité au cas de force

_____

(1) V. Aubry et Rau, t. 7, § 444, note 1 ; — Laurent, t. 20, n° 388.

(2) « Icelui n'attente qui n'use que de son droit », Coutume de Bretagne, art. 107.

(3) Sourdat, *Traité de la Responsab.*, t. 2, n°⁸ 605 et 643 ; — Laurent, t. 16, n°ˢ 408-410 ; — Comp. Rejet, 2 Décembre 1861, D. 62, 1, 171.

(4) Merlin, *Repert.* v° quasi délit, § 12 ; — Marcadé, t. 5, p. 281 ; — Proudhon, *Usuf.*, T. 3, n°ˢ 1525 et s ; — Sourdat, §§ 416 et 644.

majeure (1), — ou d'ordre légitime de l'autorité. La force majeure ou cas fortuit (2) est toute force soit de droit soit de fait, qui cause un dommage que l'on n'a pu éviter.

A qui incombera la charge de prouver la faute ? L'art. 1315 du Code civil dispose que c'est à celui qui réclame l'exécution d'une obligation à la prouver. Celui qui demande la réparation d'un dommage est donc obligé de prouver la faute, puisque c'est en elle que réside le fait générateur de l'obligation dont il se prévaut. Cette règle doit être d'autant plus étroitement appliquée qu'on ne préjuge pas la faute. Pour qu'on puisse y déroger, il faut un texte formel.

Enfin, comment fixera-t-on l'indemnité résultant du dommage ? Le Code reste muet sur cette question. La parole était à la doctrine qui s'est partagée en deux camps à peu près égaux.

Suivant les uns, il faut appliquer ici la fixation de dommages-intérêts prescrite par l'art. 1151 en matière de responsabilité contractuelle, Il y aurait en effet « *analogie* entre l'hypothèse qu'il prévoit et celle qui nous occupe » (3).

Selon d'autres l'article 1151 est inapplicable à la matière. Dans le silence du Code il faut

---

(1) Art. 1148, 1302, Code civ.

(2) Quelques auteurs établissent entre le cas fortuit et la force majeure une distinction qui ne paraît pas avoir été dans l'esprit du législateur, et qui est. à notre connaissance sans intérêt pratique.

(3) Sourdat, t. 1ᵉʳ, nᵒ 105 ; — En ce sens Demolombe, I, 785 ; Larombière, sur l'art. 1382 nᵒ 26.

laisser au juge un libre pouvoir d'appréciation (1).

Pour l'instant nous ne prendrons pas parti dans
la controverse, nous réservant d'examiner la
question plus tard, à la lumière des principes que
nous aurons dégagés.

Notons, pour terminer cette exposition, que les
auteurs rattachent à l'idée de faute délictuelle
les responsabilités du fait d'autrui édictées par
l'art. 1384 du Code civil.

« *On est responsable non seulement du dommage que l'on cause par son propre fait, mais
encore de celui qui est causé par le fait des personnes dont on doit répondre, ou des choses que
l'on a sous sa garde...* »

En effet, les diverses responsabilités que l'article
énumère ensuite, reposent sur l'idée exprimée plus
haut, savoir que celui qui peut ou doit empêcher
un mal et qui ne le fait pas, est en faute. Remarquons en passant, qu'il résulte du dernier alinéa
de l'art. 1384, que le père, la mère, l'instituteur et
l'artisan sont déchargés s'ils prouvent qu'ils n'ont
pu empêcher le fait qui donne lieu à cette responsabilité. Pareille faculté est refusée par prétéri-
tion, aux maîtres et commettants. Les premiers
sont sous le coup d'une présomption réfragable,
les seconds d'une présomption irréfragable de
faute.

_____

(1) En ce sens Laurent, t. 20, n° 523 ; — Aubry et Rau, t. 4,
§ 445.

Mentionnons enfin qu'une loi du 30 juillet 1899 a ajouté à l'article 1384 un dernier alinéa ainsi conçu : « *Toutefois, la responsabilité civile de l'Etat est substituée à celle des membres de l'enseignement public...* »

Il n'y a là, en somme, qu'une application des principes posés dans la première partie de ce même article 1384. Le législateur a considéré que les membres de l'enseignement sont des personnes dont l'Etat « doit répondre », et assimile juridicquement ce dernier à un commettant (1).

---

(1) La loi nouvelle ajoute, par une notable dérogation aux principes ordinaires de la compétence, que l'action sera portée devant le tribunal civil ou le juge de paix, et dirigée contre le préfet du département.

CHAPITRE II

Théories générales sur l'unité ou la dualité de la responsabilité

§ I. — LA RESPONSABILITÉ EST-ELLE UNIQUE OU DOUBLE ? — PRÉCISION DE LA QUESTION. — SON INTÉRÊT.

§ II. — LES RÈGLES DE LA RESPONSABILITÉ CONTRACTUELLE SONT-ELLES APPLICABLES A LA RESPONSABILITÉ DÉLICTUELLE ?

La question ne se pose qu'à propos de la fixation des dommages-intérêts ayant pour cause un délit. Point n'est besoin de recourir à une théorie d'ensemble.

La solution est négative.

§ III. — LES RÈGLES DE LA RESPONSABILITÉ DÉLICTUELLE SONT-ELLES APPLICABLES EN MATIÈRE CONTRACTUELLE ?

Quelques espèces. — Nécessité de recourir à une théorie générale.

§ IV. — THÉORIE DE LA DUALITÉ DES RESPONSABILITÉS.

Différences entre les deux responsabilités :

1° Quant au fait générateur ;

2° Quant à l'appréciation de la faute ;

3° Quant à la charge de la preuve ;

4° Quant à la validité des clauses d'irresponsabilité ;

5° Quant à la mise en demeure.

§ V. — THÉORIE DE L'UNITÉ DE LA RESPONSABILITÉ.

1ᵉʳ Argum. — Entre la loi et le contrat, il n'existe pas de différence essentielle.

2ᵉ Argum. — L'obligation initiale est éteinte par la perte ou l'impossibilité de son objet, due à la faute du débiteur.

3ᵉ Argum. — La lésion d'un droit de créance par un tiers est un délit. Il en est de même *a fortiori* si la lésion émane du débiteur.

4ᵉ Argum. — Les textes et les travaux préparatoires.

§ Iᵉʳ

Nous venons de rappeler, dans leurs grandes lignes, les caractères de l'une et l'autre responsabilité selon les auteurs. Nous allons maintenant tenter de délimiter leurs domaines respectifs, — on pourrait presque dire leur sphère d'influence.

Il est des points non douteux sur lesquels tout le monde est d'accord ; telle question est du domaine de la responsabilité contractuelle ; telle autre, de celui de la responsabilité délictuelle. Mais les commentateurs que nous venons d'analyser n'ont pas tracé de frontières bien nettes. Il est des territoires contestés, des zones neutres. C'est plus qu'il n'en fallait pour servir de *casus belli* entre les interprètes.

Des auteurs affirment que les règles de la responsabilité contractuelle ne sont pas applicables à la responsabilité délictuelle (1).

Puis nous voyons ces mêmes auteurs, M. Sourdat, par exemple, parler « *d'analogie* » entre les deux responsabilités (2), et sur cet argument,

---

(1) Demolombe, *Cont.*, t. 8, nᵒˢ 473 s. ; — Laurent, t. 20, nᵒ 462 ; — Sourdat, t. I., nᵒˢ 655 et suivants.

(2) Sourdat, t. I, nᵒ 65 et suiv.

appliquer aux dommages-intérêts résultant d'un délit, la règle d'évaluation posée en matière contractuelle dans l'art. 1151.

D'autres auteurs professent que les règles de la faute délictuelle sont sans application à la faute contractuelle (1). Puis ils font des restrictions.

Pour MM. Demolombe et Colmet de Santerre, la lésion est-elle due au dol ? La responsabilité, même en matière contractuelle, est celle de l'art. 1382.

Pour MM. Aubry et Rau, l'art. 1382 est applicable quand la faute contractuelle dégénère en un délit de droit criminel.

Nous avons vu pendant de longues années une jurisprudence constante appliquer dans les rapports entre patrons et ouvriers, au cas d'accident du travail, la règle de la responsabilité délictuelle, sans que l'objection se soit même posée qu'il existe un lien contractuel entre les parties.

Ne voyons-nous pas enfin parler constamment de la présomption de faute qui pèse sur le locataire au cas d'incendie, présomption de faute que l'on rattache à l'art. 1382 ?

Il n'apparaît qu'avec trop d'évidence, la nécessité qu'il y a de porter en la matière la lumière

---

(1) Aubry et Rau, t. 4, § 446 et note 7 ; — Demolombe, *Traité des contrats*, t. 8, nᵒˢ 472 et 477 ; — Laurent, t. 20, nᵒ 463 ; — Lacombière, t. 5, art 1382, nᵒ 8 ; — Cf. Req., 21 janvier 1890, D. 91, 1, 380 ; — Paris, 25 mai 1894, D. 95, 2. 475.

d'une règle fixe, restreignant l'arbitraire des auteurs et de la jurisprudence

*
* *

Tous les points douteux se rattachent à l'une des deux questions suivantes qui résument l'intérêt pratique des controverses qui vont suivre :

1° Peut-on suppléer au silence du Code, sur une question de responsabilité née d'un délit, par les règles relatives à la responsabilité contractuelle?

2° Peut-on suppléer au silence du Code sur une question de responsabilité née d'un contrat, par les règles relatives à la responsabilité délictuelle? Nous allons rechercher successivement la solution qu'il faut donner à ces deux questions.

§ II

Lorsque quelque point relatif à la responsabilité né d'un délit est douteux, faut-il appliquer les règles de la responsabilité contractuelle?

La question ne se pose qu'au point de vue de l'évaluation des dommages dus en vertu de l'art. 1382, c'est-à-dire résultant d'un délit ou d'un quasi-délit. Nous allons l'étudier sous ce point de vue.

M. Sourdat prétend qu'il faut suppléer au silence du Code civil en appliquant ici la disposition de l'art. 1151, qui fixe la mesure des dommages-intérêts résultant de l'inexécution d'un contrat lorsqu'il y a dol du débiteur. Entre les deux espèces, dit-il, il y a « analogie » (1).

M. Sourdat ne s'explique pas autrement sur cette analogie. Est-elle donc si visible qu'on ne puisse la nier ?

Nous voyons bien en effet une sorte d'analogie entre l'inexécution dolosive d'un contrat, et le délit, c'est-à-dire le fait commis avec intention de nuire. Les hypothèses sont assez voisines et se rapprochent précisément par l'élément intentionnel. Mais au cas de quasi-délit ? Peut-on dire encore qu'il y a dans un fait, — commis sans intention de nuire, qui peut n'être qu'une simple faute très légère en soi, « *culpa et livissima* » — quelque chose d'analogue au dol ? Nous ne le croyons pas. Aussi repoussons-nous la solution que nous venons d'indiquer.

Pour résoudre la difficulté — si tant est qu'il y en ait une — nous nous en rapportons simplement au bon sens, la plus sûre méthode d'interprétation quand elle est possible. Et tel est bien le cas ici.

L'art. 1382 porte en effet : « *Tout fait quelconque de l'homme qui cause à autrui un* DOMMAGE *oblige celui par la faute duquel il est arrivé à* LE *réparer.* » Cet article est suffisant. Que doit-on

---

(1) Sourdat, t. I, nᵒˢ 105 ; — 457 ; — 690 ; — Cf. Rejet, 30 janvier 1826, D. 26, 2, 162.

réparer? Le *dommage* causé à autrui par sa faute. Cela, et rien de plus. Quant à savoir ce qui rentre dans ce dommage, il n'y a là qu'une question de fait. Inutile de nous embarrasser de la distinction illusoire entre ce qui est une suite directe ou indirecte de la faute. Nous disons illusoire, parceque c'est le juge qui est arbitre souverain de ce qui est une suite directe ou une suite indirecte. Quel intérêt dans ces conditions peut bien présenter la distinction?

Ainsi l'art. 1382 résout à notre entière satisfaction la question que nous nous sommes posée. Point n'est besoin de recourir à une théorie générale sur les deux responsabilités. Il n'en sera malheureusement pas de même pour les questions qui rentrent sous le second chef.

§ III

Peut-on suppléer au silence du Code sur une question de responsabilité née d'un contrat par les règles relatives à la responsabilité délictuelle?

La question a une importance considérable. Elle n'a jamais été résolue d'une façon absolue par la jurisprudence. Ses décisions sont contradictoires. Empruntons lui quelques espèces qui montreront l'intérêt de notre sujet.

1° Les règles de la responsabilité délictuelle étaient-elles, avant la loi du 9 avril 1898, applicables au patron dans ses rapports avec l'ouvrier au cas d'accident?

2° Sont-elles applicables au locataire dans ses rapports avec le propriétaire, au cas d'incendie ?

3° Au voiturier dans ses rapports avec le voyageur, au cas d'accident arrivé à ce voyageur ?

4° A l'incapable commettant une faute à l'occasion d'un contrat ?

5° Au cas où le débiteur s'est exonéré de la faute contractuelle ?

Autant de questions controversées par les auteurs, sur lesquelles la jurisprudence n'a pas de système d'ensemble. On peut les ramener toutes à ce problème :

Dans le cas de faits dommageables commis à l'occasion d'un contrat, que faire dans le silence ou l'incertitude du Code ?

C'est pour le résoudre que l'on a échafaudé des systèmes considérables. C'est pour l'avoir perdu de vue que l'on est tombé dans des subtilités qui ne sont pas juridiques, parce qu'elles sont dénuées de conséquences pratiques.

Les uns ont répondu :

Il faut appliquer les règles de l'art. 1302 qui sont le droit commun en matière de contrats. Responsabilité délictuelle et contractuelle sont deux choses bien différentes ayant leur sphère d'application distincte et absolument indépendante.

D'autres :

Erreur ! Il faut appliquer le droit commun en matière de tous dommages, lequel est déposé en l'article 1382. La responsabilité est toujours délictuelle, même en matière de contrats.

§ IV

Dans le sens de la *dualité de la responsabilité*, il faut d'abord citer le droit romain. Nous l'avons démontré : si l'idée de force obligatoire contractuelle a son origine historique dans celle de répression d'un délit, il n'en reste pas moins vrai que la distinction des deux responsabilités apparut nettement aux jurisconsultes classiques. Et, alors même qu'un contrat serait, comme il arrive quelquefois, sanctionné à la fois par une action née d'un délit et une autre née du contrat, *les deux actions restent distinctes*. Le fait même de leur existence côte à côte pendant des siècles sans se fusionner, en est une preuve suffisante.

En ce même sens, il faut encore citer les auteurs de notre ancien droit. Nous ne reviendrons pas sur ce que nous avons dit à ce sujet.

Toujours en ce sens, les auteurs qui commentèrent le Code. Nous avons résumé leur théorie. Nous savons que, s'ils ont admis la distinction en principe, ils ne l'ont pas poussée en ses applications ; ils n'ont pas vu nettement le parti qu'on en pouvait tirer, et ne sont arrivés aucunement à cette règle qui aurait au moins le mérite de la simplicité. « Responsabilité uniquement délictuelle en matière de délits ; uniquement contractuelle en matière de contrats. »

D'aucuns permettent à la faute délictuelle des empiétements sur la faute contractuelle —

empiétements d'ailleurs arbitraires comme nous l'allons montrer.

Tel est le cas de MM. Demolombe et Colmet de Santerre. S'attachant à un passage de l'exposé des motifs par Bigot-Préameneu (1), ils proposent le système suivant : l'inexécution du contrat est-elle due à un acte dolosif? La responsabilité du débiteur est délictuelle ; — à une faute? Elle est contractuelle. « Quand l'inexécution provient du dol, dit M. Colmet de Sauterre, l'obligation de réparer le dommage ne peut plus dériver d'une clause du contrat, car les parties n'ont pas pu faire une convention sur le dol futur de l'une d'elles » (2). M. Demolombe, plus affirmatif conclut. « C'est donc du dol lui-même que procède l'obligation d'en réparer les suites » (3).

Un pareil système est arbitraire. Pourquoi le dol, c'est-à-dire la faute contractuelle intentionnelle, est-elle assimilée à un délit, alors que la simple faute, c'est-à-dire non intentionnelle, n'y est pas assimilée? L'article 1382 qui définit le délit et le quasi délit s'occupe-t-il de l'intention de l'auteur d'un dommage ? Nullement ! Alors il faut aller plus loin. Si l'on assimile la faute contractuelle intentionnelle à un délit, il faut

(1) « Le dol établit contre celui qui le commet une nouvelle obligation différente de celle qui résulte du contrat ; cette nouvelle obligation n'est remplie qu'en réparant tout le tort qu'il a causé » Bigot-Préameneu, exposé des motifs, n° 43 ; — Locré, t. 6, p. 154.

(2) Colmet de Sauterre, t. 4, n° 66 bis, I.

(3) Demolombe, t. 24, p. 588.

aussi assimiler la faute contractuelle non-inten-
tionnelle à un quasi-délit. Sans quoi la théorie est
boiteuse, et, nous le répétons encore une fois,
arbitraire.

Même reproche au système de MM. Aubry et
Rau. « Les dispositions des articles 1382 et 1383,
disent-ils, sont étrangères aux fautes commises
dans l'exécution d'un engagement contractuel...
Il convient toutefois de remarquer que les fautes
commises dans l'exécution d'une convention peuvent quelque fois dégénérer en délit de droit
criminel ; et dans ce cas les articles 1382 et suivants sont applicables (1).

On ne trouve nulle trace de ce système dans
la loi.

MM. Aubry et Rau n'en disent pas plus long
que ce que nous venons de citer. Ils ne justifient pas leur assertion qui en aurait pourtant
besoin.

A notre avis, les peines édictées par la société
contre les atteintes à l'ordre public n'ont aucun
rapport avec les relations préexistantes entre
particuliers et doivent leur rester étrangères.

*
* *

La question en était à ce point, lorsque naquit
un mouvement doctrinal dont nous allons rendre
compte.

---

(1) Aubry et Rau, t. 4, § 446 et note 7, p. 755.

On sait qu'avant la loi de 1899 une jurisprudence constante rattachait la responsabilité du
patron en cas d'accident du travail, à l'article 1382.

Longtemps cette règle avait été appliquée sans
soulever de critiques, lorsque M. Vavasseur, dans
un article publié par « le Droit » (20 mai 1880),
et dans un discours prononcé le 7 avril 1881 à la
Société de protection des apprentis, s'éleva contre
elle pour la première fois.

L'article 1382, faisait-il remarquer, est inapplicable ici comme placé sous la rubrique : Des
engagement qui se forment sans convention.
« Les articles en question régissent le quasi-
délit, lequel résulte exclusivement d'un fait.....
Si l'action de l'ouvrier blessé dérive immédiatement du fait de l'accident, elle prend sa source
dans le contrat lui-même ; le fait a donné ouver-
ture à l'action dont le germe était dans le contrat.
L'action est donc née plutôt ex contractu que
ex facto..... » (1).

Depuis M. Vavasseur, M. Marc Sauzet en
1883 (2) et M. Sainctelette en 1884 (3) ont adopté
et étendu à d'autres cas le principe des deux
responsabilités. Leur système a recueilli l'adhé-
sion presque unanime de la doctrine — au moins

(1) Vavasseur, De la resp. des accid. de fabrique.
(2. Revue critiq., p. 677.
(3) Sainctelette, Respons. et garantie ; — Voir aussi les rapports
de MM. Batbie et Durand à la Ch. des Députés au cours de la discussion de la loi du 5 janvier 1883.

quant au principe. — Car nous verrons des variantes nombreuses dans l'application.

Le voici dans ses grandes lignes.

*
* *

Il existe dans le Code Civil deux responsabilités bien distinctes.

D'une part, celle de l'art. 1382, relative aux dommages causés en dehors de tout lien contractuel ; — d'autre part celle des art. 1136-1137, 1147, 1302, relative aux dommages causés dans l'exécution d'une convention (1).

Ces deux responsabilités diffèrent quant à leur origine. Elles sont indépendantes, réglées par des principes propres ; elles ne peuvent en aucun cas se suppléer. Appliquer l'art. 1382 en matière de contrat, c'est violer le texte de la loi, méconnaître son esprit, confondre deux ordres d'idées entièrement distincts.

Violer le texte de la loi. Sous quelle rubrique se trouve placé l'art. 1382 ? Sous la rubrique « *Des délits et quasi délits* » Chap. II du titre IV, « *Des engagements qui se forment sans convention.* » — Il est bien clair, dans ces conditions,

---

(1) M. Sainctelette réserve le nom de responsabilité à la sanction des obligations nées d'un délit, et celui de garantie à la sanction des obligations conventionnelles. Cette terminologie prête à confusion. Sur les différences entre la responsabilité et la garantie, voir Sourdat, II, n° 995 ; — Fromageot, *De la faute commune source de la responsab. ou droit privé*, p. 23 ; — Boutaud, *Des clauses de non respons.*, n° 21.

que l'art. 1382 est spécial au cas où les engagements se forment *sans convention.*

Au contraire, sous quelle rubrique sont placés les art. 1136, 1137, 1147, 1302? Sous la rubrique « *De l'effet des obligations.* » — Les articles dont il s'agit ne sont donc relatifs qu'à l'effet d'une obligation préexistante, nécessairement contractuelle, — puisque nulle obligation, en matière délictuelle, ne peut exister antérieurement au délit qui lui donne naissance.

Cet argument de texte est renforcé par l'esprit de la loi. Il s'en faut de beaucoup que la responsabilité soit la même dans les deux cas. Marquons les différences.

1° *Différence quant au fait générateur de la responsabilité.* — La faute est le fait générateur *unique* de la responsabilité délictuelle. Elle n'est que le fait générateur secondaire de la responsabilité contractuelle, le fait générateur primaire étant le contrat ; sans ce dernier, en effet, elle ne se serait jamais produite.

2° *Différence quant à l'appréciation de la faute.* — En matière délictuelle, la faute la plus légère suffit. En matière contractuelle, elle doit être telle qu'un bon père de famille ne l'eût pas commise ; on est plus indulgent dans le second cas que dans le premier. En voici les raisons.

Toute atteinte à la personne ou à la propriété, considérée comme un prolongement de la

personne, doit être réprimée sévèrement. Vous
mettez le feu à votre maison ; l'incendie se
communique à la mienne et la détruit. Ma volonté
reste absolument étrangère à la chose. Il est
même bien certain que si j'avais eu le choix,
j'aurais préféré garder ma maison telle quelle,
plutôt qu'acquérir une créance si sûre soit-elle,
représentative de sa valeur. Ma volonté n'intervient que pour être contrainte. Je suis créancier
involontaire.

Au contraire, quand le débiteur commet
une faute dans l'exécution de l'obligation, on
peut dire que le créancier l'est volontairement
des dommages-intérêts. Il a choisi le débiteur.
S'il n'avait pas stipulé de prestation, l'autre
n'aurait pas commis de faute. Il doit donc se
montrer moins sévère qu'au cas de lésion brutale
et inattendue. D'autre part, si nous nous plaçons
au point de vue du débiteur, que voyons-nous ? Le
droit commun, c'est la liberté et l'indépendance.
Il a consenti à limiter sa liberté par la convention.
Les fautes qu'il commet dans l'exécution de ladite
convention doivent avoir pour mesure le contrat
sans lequel il n'eût jamais été en faute. « Le délit,
né en dehors de tout rapport de contrat, dit
M. Saleilles (1), s'attaque à un droit absolu... Le
délit né de la violation du contrat s'attaque à un
droit dont la volonté des parties a fixé l'étendue,

---

(1) Saleilles, *Essai d'une théorie sur l'obligation d'après le
projet de Code civil allemand,* § 332.

et par suite n'existe que dans la mesure prévue par la convention. »

D'autres raisons militent en faveur de cette différence dans l'appréciation des deux fautes. En voici une empruntée à M. Laurent (1).

Le délit et le quasi délit intéressent la sécurité des personnes ; la vie des hommes peut être compromise par une imprudence. On conçoit que le législateur, en pareil cas, se montre plus sévère qu'en matière d'inexécution d'un contrat, qui ne touche que le patrimoine.

Ajoutons encore que celui qui stipule a tous loisirs de sauvegarder ses intérêts au cas d'inexécution, par telles clauses que lui permet le principe de la liberté des conventions.

3° Différence quant à la charge de la preuve. — Au cas de responsabilité née d'un délit, c'est à celui qui se prétend créancier qu'incombe la nécessité d'établir le fait générateur de sa créance, c'est à dire le *délit*.

Dans le cas de responsabilité contractuelle, c'est encore au créancier de faire la preuve du fait générateur de son droit, c'est à dire du *contrat*. Mais, cette preuve une fois faite, si le débiteur veut échapper aux conséquences du contrat, c'est à lui de démontrer — par voie d'exception — le cas fortuit ou l'absence de faute de sa part (2).

---

(1) Laurent, *Dr. civil*, t 16, n° 320, p. 293.

(2) « Dans le premier cas (faute contractuelle) la faute de la personne poursuivie résulte de cela seul qu'il est constaté que cette

Telle est bien la règle posée par les articles 1302 et 1315 du Code civil.

4° Différence quant à la validité des clauses d'irresponsabilité. — L'obligation initiale au sujet de laquelle intervient la clause d'irresponsabilité est-elle légale ? La clause est nulle. Est-elle contractuelle ? Elle est valable, sauf en l'hypothèse de dol. Toute obligation légale, dit M. Sainctelette, est d'ordre public ; vouloir en écarter ou limiter la sanction, c'est faire des conventions « qui ne sont que des violations géminées de la paix publique ; ceux qui les forment ne sont pas des contractants, mais des complices » (1).

5° Différence quant à la mise en demeure. — Signalons pour finir une quatrième différence entre les deux responsabilités. En matière contractuelle, une mise en demeure est nécessaire pour qu'il y ait lieu à des dommages-intérêts ; en matière délictuelle, l'auteur de la faute est de plein droit en demeure de réparer le

---

personne avait promis de donner, de faire ou de ne pas faire quelque chose et qu'elle n'a pas tenu ses engagements. C'est à cette personne qu'il incombe de prouver, lorsqu'elle désire se soustraire à l'action en dommages-intérêts que l'inexécution de ces engagements est due à un cas fortuit ou de force majeure .. Dans l'autre cas (faute délictuelle) au contraire, c'est sur le créancier éventuel que pèse toute la charge de la preuve à fournir. »; Huc, *D. civil,* t 8, n° 424.

(1) Sainctelette, *Resp. et garantie*, p. 17 ; — En ce sens Fromageot, p. 65 et s. ; — Sourdat, n° 662 *sexiés* ; — Laurent, t. 16, n° 230.

préjudice qu'il a causé. Nous n'insisterons pas sur ce point, qui est contesté par quelques auteurs. M. Laurent (1), notamment, considère la mise en demeure, non comme une condition de la responsabilité, mais seulement comme un moyen de constater le retard.

On voit que, dans ce système, le domaine de l'une et l'autre faute est bien tranché. Elles diffèrent, non par un caprice arbitraire du droit positif, mais pour des raisons profondes, inhérentes à leur nature.

Il nous est, maintenant, on ne peut plus facile de résoudre, selon cette théorie, la question dont nous nous sommes proposé la solution. Pourra-t-on suppléer à l'obscurité ou au silence du Code en matière de responsabilité contractuelle, par les règles posées en matière délictuelle ?

Evidemment non !

Pourquoi ? Parce que les deux responsabilités ont une sphère d'application distincte, et qu'on ne peut en aucun cas raisonner par analogie de l'une à l'autre (2).

---

(1) Laurent, D. civ., t. 16, nᵒˢ 251 et suiv.

(2) M. Labbé motive cette solution avec beaucoup de clarté et de vivacité dans une note au Sirey — sous Cour sup. de Luxembourg, 27 nov 1884, – S. 85, 4, 25 ; — Il y insiste sur le fondement de la différence entre les deux responsabilités ; — « Le contractant est mis dans une situation nouvelle, en dehors des prévisions du droit commun, d'après lequel chacun reste chez soi, dans son domaine et ne peut porter atteinte à autrui qu'en sortant sans excuse de son cercle d'activité... Arrière donc l'art. 1382 et ne m'en parlez pas ! L'hypothése à régler n'est pas la même. Nous sommes dans une position nouvelle issue de nos volontés ; laissez

Alors que faire ?

Appliquer les règles de la responsabilité contrac·
tuelle qui sont les seules ayant trait à la sanction
de l'inexécution de tous contrats (1).

§ V

En 1886, un article paru dans la *Revue
critique* (2) sous la signature de M. « Lefebvre,

---

nos volontés la régler » ; — A noter, en passant, un jugement
du Trib. Civ. de Bruxelles du 25 avril 1885 qui proclame « qu'une
faute ne saurait être à la fois contractuelle et non contractuelle,
c. a. d. Aquilienne. »

(1) Dans le sens de la dualité : Sainctelette, *Respons. et
garantie*, p. 140 et suiv. ; — Sauzet, *Rev. crit.* 1883, p. 616 et s.
1885, p. 166 ; — Labbé, notes au Sirey, 85, 4, 25 ; — 86, 2, 97 ; —
Rev. crit. 1886 p. 433 ; — Lyon-Caen, notes au Sirey, 85, 1, 129 ;
87, 1, 209, *Rev. crit.*, 1886, p. 360 ; — Michoud, note au Sirey, 92,
2, 297 ; — Glasson, *Le Code Civil et les ouvriers*, p. 30 ; —
Mémoires de l'Académie des sciences morales et politiq., 1886, t. 1,
p. 626, — t. 3, p. 129 ; — Fuzier Herman, *Bulletin des accidents
du travail*, année 1892, n° 3 ; — Demangeat, *Rev. prat.*, vol. 55,
p. 536 ; — Pascaud, *id.*, vol. 55, p. 380 ; — Noirot, *La Loi*,
29 octobre 1885 ; — Vavasseur, *La Loi*, 2 juillet 1885 ; — Saleilles,
*Essai d'une théorie de l'obligation d'après le projet de Code Civil
allemand*, § 331 et s. ; — Planiol, *Rev. crit.*, 1888, p. 282 ; —
Huber, *Traité de la responsab. contract. en matière d'incendie*,
ch. 1er, p 5 et suiv. ; — Huc, *Droit civil*, t. 8, n° 424 ; — Thèses
de doctorat de MM. Romieux, Le Saulnier, Blanc. etc ; — Voir
aussi : Cour sup. de justice du Luxembourg, D. 86, 2, 153 ; S. 85,
4, 25 ; — Paris, 23 février 1884, 17 mars 1884, 11 février 1886, S.
86, 2, 97 ; — Cassat., Belgique, 8 janvier 1886 ; S 86, 2, 97 ; —
Gand, 18 juin 1887, S. 89, 4, 1 ; — Cassat. Belgique, 28 mars 1889,
S. 90, 4, 16 ; — Toulouse, 5 décembre 1893, S. 94, 2, 57, etc.. ,
etc...

(2) *Revue critiq.*, 1886, p. 485 et suiv., *De la responsabilité
délictuelle, contractuelle.*

ancien magistrat » vint combattre la doctrine de la dualité des responsabilités.

La responsabilité est une, affirmait-il ; l'infraction à l'obligation contractuelle constitue un délit au même titre que l'infraction à l'obligation légale.

« L'évidence pour nous est que la faute seule peut engendrer la responsabilité ; que ces deux idées : *responsabilité, faute,* sont inséparables et que l'une ne se conçoit pas sans l'autre ; que *responsabilité contractuelle* est une formule vicieuse, une forme erronée de langage, et que la responsabilité est nécessairement *délictuelle...* Toute la théorie juridique de la responsabilité est écrite dans l'art. 1382 du Code Civil... »

Ce système fut repris avec quelques variantes par M. Deschamps dans un article de la *Revue critique* paru en 1890 (1) et développé par M. Grandmoulin dans une thèse récente (2).

1er ARGUMENT. — Entre la loi et le contrat il n'y a pas de différence essentielle. « Il nous paraît impossible de concevoir, dit M. Grandmoulin, que l'infraction aux clauses du contrat, loi particulière, volontairement édictée par les parties, soit autre chose qu'enfreindre les dispositions de la loi,

(1) Deschamps, le dol et la faute des incapables dans les contrats, *Rev. crit.* 1890, p. 271 et surtout 277.

(2) Grandmoulin, thèse sur *la nature délictuelle de la responsabilité pour violation des ob. contractuelles,* Rennes, 1892 ; — Voir aussi une thèse de M. Robin, *sur la responsab.,* Paris, 1887.

contrat général implicitement accepté par les parties, sauf bien entendu les infractions aux lois pénales et aux lois d'ordre public... »

La loi est un contrat. « Une nation n'est qu'une vaste société, française, allemande, etc..., dont la base est un contrat... Pour être tacite, le consentement n'en est pas moins réel... Sur quoi reposent les lois constitutionnelles et les lois ordinaires ? Sur le vote c'est-à-dire sur l'accord des volontés... » (Grandmoulin) D'autre part, dit-on, le contrat est lui-même une loi. L'art. 1134 ne dispose-t-il pas « les conventions légalement formées tiennent lieu de loi à ceux qui les ont faites... » ?

Il y a donc bien « identité de nature entre la loi et le contrat... La contravention au contrat équivaut à la contravention à la loi... » D'où *unité* de la responsabilité.

2ᵉ ARGUMENT. — « L'obligation initiale de donner, faire ou ne pas faire, née du contrat, est éteinte par la perte ou l'impossibilité de son objet, due à la faute du débiteur. L'obligation de payer des dommages-intérêts n'est donc pas l'obligation primitive née du contrat, mais une obligation née de la loi qui, dans l'art. 1382, impose la réparation du dommage causé par une faute. » (Grandmoulin).

Envisageons d'abord le cas où l'objet du contrat est un corps certain. Si la chose périt, « le contrat est rompu, cesse d'exister faute d'objet... Il ne peut plus produire aucun effet. » (Lefebvre).

Même raisonnement au cas où l'objet du contrat est une obligation de faire ou ne pas faire. Quand l'exécution de cette obligation est impossible, le contrat cesse d'exister faute d'objet.

Dans ces deux cas, par conséquent, l'obligation contractuelle est éteinte ; mais une autre lui succède, qui a pour source la faute du débiteur, et pour objet, une indemnité à payer au créancier en compensation de sa créance perdue.

3ᵉ Argument. — « La lésion du droit de créance par un tiers autre que le débiteur est un délit ou un quasi-délit. Il en est de même à *fortiori* si la lésion émane du débiteur. » (Grandmoulin).

4ᵉ Argument. — Les textes et les travaux préparatoires sont dans le sens de l'unité de responsabilité.

On invoque le passage de Bigot-Préameneu déjà cité « le dol établit contre celui qui le commet une nouvelle obligation différente de celle qui résulte du contrat » (1).

En second lieu, on se prévaut des termes généraux de l'art. 1382. « *Tout fait quelconque de l'homme...* » y est-il dit. « *Quelconque* »; cette expression est aussi compréhensive que possible. Elle s'applique à tous dommages. L'art. 1147 n'est qu'une application de l'art. 1382.

Enfin, on tire un dernier argument des articles

_____

(1) Bigot-Preameneu, Locré, t. 6, p 154.

1733 et 1734 du Code Civil. Ces articles, dit-on, ne peuvent s'expliquer que par une « présomption de faute » du locataire au cas d'incendie. La loi du 5 janvier 1883 n'a pas modifié les principes du Code sur ce point.

Avant de discuter ce système, voyons les conséquences auxquelles il aboutit :

1° On professe généralement que la mise en demeure est nécessaire en matière de responsabilité contractuelle, inutile en matière délictuelle. C'est une erreur : La mise en demeure est indépendante de cette soi-disant distinction. La vérité est qu'elle n'a jamais lieu pour les obligations négatives ; et que, pour les positives, elle n'est pas exigée si l'obligation reçoit une exécution, non pas hâtive, mais imparfaite.

2° Il n'y a non plus aucune différence entre les deux espèces de responsabilités au point de vue de l'évaluation des dommages-intérêts. Celle que l'on veut établir est arbitraire. Les art. 1150 et 1151 du Code Civil s'appliquent même en dehors des relations contractuelles.

3° La faute s'apprécie de la même manière dans les deux cas. Plus de distinction entre la faute la plus légère d'une part ; — et celle qui ne commettrait pas un bon père de famille, d'autre part. Le débiteur est toujours tenu de la faute la plus légère.

4° Il n'y a pas davantage à distinguer au point de vue de la preuve, entre les responsabilités délictuelle et contractuelle. La distinction qu'il faut établir, c'est entre les obligations positives et néga-

tives. Il suffira toujours au créancier d'une obligation positive, qu'elle soit légale ou contractuelle,
d'établir l'obligation à la charge du débiteur. Ceci
fait, ce sera au débiteur de prouver sa libération.
Au contraire, le créancier d'une obligation négative devra prouver, outre l'obligation, le fait de
commission du débiteur qui constitue la violation
de la dite obligation (1).

5° Enfin, il n'est pas vrai de dire que l'on ne
peut s'exonérer par convention des conséquences
d'une obligation délictuelle, tandis qu'on peut
s'exonérer des conséquences d'une obligation
contractuelle. « Pour savoir si une obligation est
ou non d'ordre public, il faut considérer son
objet et non sa source ». (Grandmoulin). Si elle
a pour objet l'ordre public on ne peut stipuler

---

(1) Pour exposer la théorie de l'unité de la responsabilité, nous
sommes souvent forcés de nous écarter des raisonnements de
M. Lefebvre, desquels on peut dire sans exagération qu'ils ne sont
pas toujours liés par un lien méthodique suffisant. C'est ainsi que
M. Lefebvre insiste longuement sur ce fait bien connu que l'obligation du détenteur n'est pas de rendre, mais de « remettre le propriétaire en possession de la chose » sans qu'il nous indique l'intérêt de cette remarque C'est ainsi encore que M. Lefebvre impose
en bloc à tous les créanciers, quels qu'ils soient, l'obligation de
prouver, outre leur obligation la « faute » (sens large) de leur débiteur. Dans sa pensée, la disposition de l'art. 1302 « contient une
règle contraire aux vrais principes du droit ». Il renverse les rôles
en décidant « contrairement aux principes » que le détenteur
quoique défendeur aura la charge de la preuve ; — il établit contre le détenteur « une présomption de faute ». M. Lefebvre
concède toutefois que cette disposition « contraire aux principes
du droit se justifie par les plus puissantes considérations. »
La théorie que nous avons exposée est la théorie de l'unité de
la responsabilité revue et corrigée, telle qu'elle ressort des der-
niers travaux parus sur la matière.

son irresponsabilité ; — sinon, rien ne s'y oppose (1).

---

(1) Dans le sens de l'unité, Lefebvre, *Rev. crit.*, 1886, p. 485 ; — Desjardin, *Revue des Deux-Mondes*, année 1888, t. 86, p. 351 ; — Cotelle, *Revue pratique*, t. 55, p. 529 ; — Rapport sous Cassat., 31 mai 1886, S. 87, 1, 209 ; — Deschamps, *Rev. crit*, 1890, p. 271 ; — Robin, *Thèse sur la responsab.*, Paris, 1887 ; Grandmoulin, *Thèse sur la nature délictuelle de la respons.*, Rennes 1892 ; — Marc Gérard, *Rev. crit.*, 1888, p. 426 ; — Note au D. 86, 2, 153.

CHAPITRE III

Discussion

§ Ier. Réfutation.

1er Point. — Est-il vrai que la loi et le contrat soient de même nature ?

2e Point. — Est-il vrai que la faute contractuelle ne diffère pas de la faute délictuelle ?

3e Point — Est-il vrai de dire que l'obligation initiale, née du contrat, est éteinte par la perte ou l'impossibilité de son objet due à la faute du débiteur ?

4e Point. — Est-il vrai que la nature contractuelle ou délictuelle de la responsabilité ait une influence sur le fardeau de la preuve ?

5e Point. — Discussion des arguments de texte

§ II. Synthèse. — Théorie proposée :

La distinction des deux responsabilités est parfaitement juste et fondée. Elle a intérêt quant à la naissance de la responsabilité et quant à la détermination de son étendue.

Elle n'a, par contre, aucun intérêt en matière de preuve. En pareil cas il faut s'attacher uniquement au caractère positif ou négatif de l'obligation.

§ Ier

1er Point. — Est-il vrai que la loi et le contrat soient de même nature ? — L'argument, on se le rappelle, est celui-ci : la loi et le contrat sont de même nature ; or, l'article 1382 édicte la responsabilité pour violation des obligations légales, l'article 1147 pour violation des obligations contractuelles : la responsabilité qui dérive de ces deux articles est donc de même nature.

Dans le sens de l'assimilation entre la loi et le contrat, M. Grandmoulin cite l'autorité considérable de Ihering.

Mais il faut bien se rendre compte que Ihering ne fait autre chose qu'émettre sur ce point une hypothèse historique ; — et que cette théorie est loin d'être suffisamment solide pour permettre d'échafauder sur elle d'autres théories de droit positif. Ihering arrive à cette idée à la suite d'une analyse subtile, dans laquelle il n'a guère retenu, de la loi et du contrat, que l'idée de force obligatoire. Et c'est en effet le seul point indéniablement commun entre les deux : la nécessité d'obéir. Mais ce point commun établi, loi et contrat s'écartent et se différencient. — Et l'on ne peut nier qu'il y ait entre eux cette opposition, que la *loi est une obligation imposée, et le contrat une obligation consentie.* D'où cette conséquence importante que la mesure de l'obligation légale est objective : il faut la chercher dans la loi qui l'édicte ; — tandis que la mesure de l'obligation contractuelle est subjective : elle réside dans la volonté des parties.

Signalons encore ce fait : la loi vieillit. C'est donc qu'elle n'est plus l'expression des volontés. Elle garde pourtant sa force obligatoire.

Nous savons que Savigny et toute l'école *histo-rique*, ont contesté l'utilité des lois écrites, qui, à leurs yeux, entravent les progrès du droit. Mais leur théorie n'a pas encore prévalu en France, ni que nous sachions dans aucune législation. La loi doit être claire, c'est pourquoi elle est codifiée, pourtant plus rigide, moins complaisante aux volontés individuelles qu'elle n'interprète pas toujours exactement et qu'elle contraint bien souvent.

Nous nions donc que la loi et le contrat aient les affinités qu'on prétend. Ils n'ont de commun que l'idée de force obligatoire. Le reste est hypothése, d'ailleurs très contestable ; — et ne peut, si le droit est vraiment une science, guider l'interprète de législation positive.

2ᵉ Point. — Est-il vrai que la faute contractuelle ne diffère pas de la faute délictuelle ? — Telle est, on se le rappelle, la conséquence que les partisans de l'unité de la responsabilité tirent de la soi-disant identité de nature de la loi et du contrat.

La faute, c'est en principe la violation d'une obligation, soit contractuelle, soit légale.

Pour dire si le débiteur est en faute, il est donc nécessaire de connaître exactement le contenu de l'obligation qui lui incombe. L'obligation, autrement dit, est le *criterium* de la faute.

Si donc nous démontrons que les deux espèces d'obligations diffèrent, nous aurons démontré que la distinction entre les deux fautes a sa raison d'être, même en « droit pur », selon l'expression dont use volontiers M. Lefebvre.

Les obligations légales représentent le minimum d'obligations imposables à chaque individu. On ne peut en encourir moins ; tel est le prix de la paix sociale. Mais on peut en encourir plus. Et c'est le domaine si riche, si étendu des obligations contractuelles.

De là résulte cette première différence, que la faute délictuelle est plus grave que la contractuelle. Elle intéresse en effet l'ordre social. On s'explique ainsi la plus grande sévérité que la loi apporte à son appréciation ; on comprend de même pourquoi on ne peut s'exonérer des conséquences de la faute délictuelle, tandis qu'on le peut en général de la faute contractuelle.

Dans la recherche de la mesure de la faute, poussons plus loin l'analyse. Nous verrons que cette mesure diffère selon que la faute est délictuelle ou contractuelle.

L'obligation étant le *criterium* de la faute, où trouverons-nous la mesure de cette obligation ? *Dans le contrat* si l'obligation est contractuelle. Peu importe qu'elle soit positive ou négative. — Si elle est légale ? Dans la *loi*. Mais il nous faut distinguer à nouveau.

Si l'obligation légale est positive, le texte suffira à la déterminer avec toute la précision possible. Telles sont les obligations de l'usufruitier légal. Elles sont déterminées par les articles 383 à 387 et le chap. Ier du titre III, livre II intitulé « *De l'usufruit.* » Point n'est besoin de chercher plus loin que ces articles. Ils définissent seuls le contenu des obligations qui nous occupent.

Au contraire, l'obligation légale est-elle négative ? L'obligation est déterminée par l'unique article 1382. Elle consiste à ne pas causer dommage à autrui par sa *faute*. Cet article ne nous offre pas la mesure de l'obligation, mais le moyen de l'obtenir. Cette mesure est dans la faute, dont la notion est ici principale et substantielle ; tandis qu'elle n'est que secondaire et dérivée dans les autres cas.

Nous pouvons donc indiquer, en ces termes, une nouvelle différence entre les deux sortes de fautes.

La faute contractuelle a sa mesure dans le contrat ; — la faute délictuelle positive, dans la loi ; — la faute délictuelle négative, dans la faute *stricto sensu*.

3ᵉ POINT. — EST-IL VRAI DE DIRE QUE L'OBLIGATION INITIALE DE DONNER. FAIRE OU NE PAS FAIRE, NÉE DU CONTRAT, EST ÉTEINTE PAR LA PERTE OU L'IMPOSSIBILITÉ DE SON OBJET, DUE A LA FAUTE DU DÉBITEUR ? — Nous connaissons l'argument : il a été formulé par M. Lefebvre et repris par M. Grandmoulin. Quand il y a impossibilité d'exécuter l'obligation par la faute du débiteur, disent ces deux auteurs, l'obligation s'évanouit faute d'objet ; on ne peut plus être « créancier du néant. »

M. Labbé répond à ce raisonnement dans les termes que voici : « Cette décision, d'un caractère primitif et d'une simplicité draconienne, nous reporte à l'époque bien ancienne où il y avait des contrats de droit strict... M. Lefebvre semble oublier que, de nos jours, tous les contrats sont de bonne foi, — petite phrase grosse de conséquences » (1).

L'argumentation de M. Labbé ne nous satisfait pas entièrement ; elle ne nous semble pas suffisamment précise. Quel est, en effet, l'influence exacte de la bonne foi, son efficacité, le détail de son mode d'action ?

Et d'autre part, nous ne pouvons pas nier la répugnance que nous avons à constater la perpétuation d'une obligation dont l'objet est désormais impossible.

Quel est donc le mécanisme du phénomène juridique qui s'accomplit ici ?

Avant que naisse la responsabilité, nous sommes en présence d'une obligation, évaluable en argent, ayant pour objet un fait quelconque *d'action ou d'omission*.

Sitôt la responsabilité engagée, nous sommes en présence d'une *autre* obligation, ayant pour objet un fait *toujours positif*, celui de payer une somme d'argent.

Nous disons : une *autre* obligation ; deux obligations ayant, toutes choses égales d'ailleurs, un objet différent, sont différentes. Ceci est surtout sensible au cas où l'obligation initiale était de ne

_____

(1) Labbé, note au Sirey, 1886, 4, 25.

pas faire. Conçoit-on que ce soit la même obligation qui impose à individu, d'abord de ne pas faire,
et ensuite de faire?

Que ce soit le même contrat, d'accord! mais la
même obligation, nous le nions(1).

En présence de cette situation, quelle est le mécanisme juridique qui s'impose à notre esprit? Celui
de la novation, placée par le Code Civil (art. 1271
à 1281) au chapitre « De *l'extinction* des obligations. » M. Lefebvre et M. Sauzet ont donc tous
deux raison. Au fond peut-être même sont-ils
d'accord. L'obligation initiale est éteinte — mais
une autre lui succède, qui a son fondement dans
une novation. Cette novation résulte, s'il s'agit
d'un contrat, de la *volonté certaine* des parties,
et du caractère des contrats qui sont de bonne foi
et obligent « *à toutes les suites que l'équité, l'usage
ou la loi donnent à l'obligation d'après sa nature.* »
Or la nature des obligations n'est-elle pas d'être
exécutée, et la responsabilité n'en est-elle pas la
suite principale?

Est-il besoin de dire que les privilèges et hypo-
thèques restent attachés à la nouvelle créance,
conformément à l'art 1278 du Code civil? Car c'est
justement en vue de l'inexécution que le créancier

_____

(1) En ce sens Mourlon, *Droit civil*, art. 1302, n° 1471 ; —
Marcadé, art. 1302, t. 4, p. 669. — En ce sens on peut encore
tirer argument des termes de l'art 1142. « Toute obligation de
faire ou de ne pas faire se *résout* en dommages-intérêts en cas
d'inexécution de la part du débiteur ; — Voir encore, Paris,
1er avril 1868, D. 68, 2, 85 : « L'incendie *met fin au bail*, et le preneur ne peut être tenu de payer une jouissance qu'il n'a plus. »

a stipulé des sûretés ; peut-il entrer dans l'esprit des parties que ces sûretés s'évanouiront juste au moment où on en aura besoin ?

Nous résumerons l'exposition qui précède, en disant que la faute contractuelle ou délictuelle opère novation de l'obligation initiale, par changement d'objet.

Mais, adoptant, sous ces réserves et modifications, la théorie de MM. Lefebvre et Grandmoulin, nous ne pouvons admettre les conséquences qu'ils en tirent.

La responsabilité résulte dans les deux cas d'une « faute » au sens large. Mais la faute a des caractères bien différents selon qu'elle est contractuelle ou délictuelle ; ce que nous avons démontré.

4ᵉ POINT. — EST-IL VRAI QUE LA NATURE CONTRACTUELLE OU DÉLICTUELLE DE LA RESPONSABILITÉ AIT UNE INFLUENCE SUR LE FARDEAU DE LA PREUVE? — Nous ne le croyons pas, différant en cela d'avis avec les partisans de la dualité de la responsabilité.

En effet, supposons d'abord la responsabilité née de la violation d'une obligation contractuelle de ne pas faire.

Par exemple, j'ai promis de ne pas écrire dans tel journal. J'y écris. A qui incombe la charge de la preuve? Incontestablement au créancier. Il doit prouver 1° que j'étais obligé à ne pas écrire; 2° que j'ai écrit. Ce ne peut être évidemment à moi de prouver que je n'ai pas écrit; car quel moyen aurais-je pour faire cette preuve, qui est celle d'un fait négatif?

Envisageons maintenant la responsabilité née de la violation d'une obligation légale de faire.

Prenons le cas d'un usufruit légal; si l'usufruitier ne restitue pas la chose grevée, est-ce au nu-propriétaire de prouver la non restitution? On ne peut le soutenir. Il suffira au propriétaire d'établir le fondement de sa créance en justifiant de l'extinction de l'usufruit. Ce sera ensuite au débiteur à prouver qu'il a satisfait à son obligation de restitution.

Ces deux exemples indiquent l'erreur qu'ont commise les partisans de la dualité des responsabilités. Ce n'est pas la distinction entre les deux responsabilités qui permet de déterminer à qui incombe la preuve. C'est une autre distinction : celle en obligations positives et négatives.

Le créancier d'une obligation positive doit simplement prouver l'existence de l'obligation. Ceci fait, on ne peut plus lui demander autre chose. Que lui imposerait-on? La nécessité de démontrer un fait négatif, savoir qu'il n'a pas été payé. Conçoit-on la possibilité d'une pareille preuve?

C'est donc au débiteur à établir — chose facile — qu'il a exécuté la prestation qu'il était obligé d'accomplir.

Au contraire, tout créancier d'une obligation négative doit prouver :

1° L'existence de l'obligation.

2° L'acte de commission, le fait positif du

débiteur qui constitue la violation de cette obligation.

Autrement, il faudrait imposer au débiteur la preuve ordinairement impossible d'un fait négatif, savoir qu'il n'a pas accompli le fait qu'il s'était obligé de ne pas accomplir.

MM. Sainctelette, Sauzet, etc... ont toutefois raison en partie, car l'obligation contractuelle est le plus souvent positive, et l'obligation délictuelle, négative.

Ajoutons que notre solution n'est pas contraire au texte de la loi, qui ici, comme il arrive si fréquemment ailleurs, statue *de coequod plerumque fit*.

5ᵉ POINT. — DISCUSSION DES ARGUMENTS DE TEXTE. — Nous nous souvenons que M. Grandmoulin excipe de la généralité des termes de l'art. 1382, pour prétendre que la règle qu'il édicte est applicable à tous les cas de responsabilité, même contractuelle.

Cette interprètation ne prévaut pas contre l'argument très fort, tiré de la rubrique du chapitre où est placé l'art. 1382 : « *Des engagements qui se forment sans convention.* » Le titre de ce chapitre restreint dans les limites qu'il indique la portée de l'article qu'il comprend.

Quant à l'argument tiré de la soi-disant présomption de faute du locataire au cas d'incendie, il est à peine besoin de le réfuter. La doctrine presque unanime repousse cette interprètation de l'art. 1733. Nous verrons par la suite qu'elle a, pour ce faire, les meilleures raisons.

§ II

L'analyse des arguments de 'l'une et l'autre école, nous a révélé qu'en chacune existent des parts, à vrai dire inégales, de vérité et d'erreur.

Il fallait bien qu'il en fut ainsi.

Un système n'est jamais faux en totalité. Il repose toujours sur quelque observation, juste en soi, mais incomplète, ou de laquelle on s'élève trop vite à la généralisation.

Il en est ainsi dans toutes les branches de l'activité humaine. Il n'y a pas de raison pour que le droit fasse exception à cette règle.

Faisant notre profit des travaux des deux écoles adverses, nous pouvons poser les propositions suivantes qui se dégagent de la discussion qui précède, et qui y trouvent leur justification sur laquelle nous ne reviendrons plus.

La responsabilité délictuelle, comme la responsabilité contractuelle naissent toutes deux d'une faute au sens large. Par faute en ce sens, nous entendons : violation d'une obligation.

Toutefois, la faute délictuelle diffère essentiellement de la faute contractuelle.

La première, en effet, est la violation d'une obligation légale ; la seconde d'une obligation contractuelle, et ces deux obligations se distinguent, par des caractères bien tranchés, non seulement dans leur source, mais encore dans leur nature.

L'obligation délictuelle, en effet, a sa source et partant sa mesure, dans la *loi* quand elle est positive, et plus particulièrement dans la *faute stricto sensu*, quand elle est négative.

L'obligation contractuelle a toujours sa source et sa mesure dans le contrat.

Au point de vue de leur nature, la première est *imposée*, et fait partie de ce *minimum* de devoirs que la loi sanctionne, parceque sans leur stricte observation, on ne concevrait pas de vie possible en société; — la seconde est *consentie*, d'où il résulte que la convention peut souverainement en régler l'application.

Ceci posé, il nous est facile de résoudre la question dont nous nous sommes proposé la solution.

Quelle règle devra-t-on appliquer à la responsabilité contractuelle, lorsque, sur un point donné, le Code est muet ou ambigu ?

Nous répondons : « Cela dépend. Il n'y a pas de règle générale, et il ne faut pas s'obstiner à en trouver une. »

Le plus souvent, sans doute, la distinction des deux responsabilités aura une influence considérable, décisive. Il en sera notamment ainsi toutes les fois qu'il s'agira d'une question ayant trait à la naissance de la responsabilité, à son étendue. En pareil cas, il faudra appliquer les seules règles de la responsabilité contractuelle.

Mais il faut se garder d'exagérer arbitrairement l'importance d'une distinction déjà suffisamment féconde, si on la restreint à son domaime logique d'application.

C'est ainsi qu'en matière de preuve, il ne faut pas vouloir à toute force la prendre comme règle d'interprétation, — mais bien chercher celle-ci dans le caractère positif ou négatif de l'obligation initiale dont la violation a donné lieu à responsabilité.

Cette obligation est-elle positive ? Il suffira au créancier de prouver l'obligation ; le débiteur devra ensuite établir sa libération. Est-elle au contraire négative ? Le prétendu créancier devra démontrer d'abord l'existence à son profit d'une obligation, et ensuite la violation de celle-ci par le débiteur.

Nous verrons de même, au chapitre VIII, que la théorie des deux responsabilités, est sans effet en ce qui concerne les clauses d'exonération des fautes.

Les règles ci-dessus nous paraissent fondées sur l'observation et la raison ; elles ne sont nulle part contredites par les dispositions du Code. On ne peut donc avoir aucun scrupule à les admettre.

CHAPITRE IV

Responsabilité du patron en cas d'accident du travail

Le système de la jurisprudence ; — ses inconvénients ; — protestation de M. Vavasseur ; — projet de loi Martin Nadaud.
Les systèmes en présence lors de la promulgation de la loi de 1898 :
    1° Système de la jurisprudence ;
    2° Système de MM. Lyon-Caen, Labbé, Sauzet ;
    3° Système de MM. Glasson, Cotelle, etc . .
    4° Ce qu'aurait été notre système
Loi du 9 avril 1898. Le principe nouveau du risque professionnel.
Influence de la théorie de la responsabilité contractuelle du patron sur la jurisprudence française ; — étrangère.

Quelle est la nature de la responsabilité du patron au cas d'accident du travail ? Procède-t-elle de l'art. 1382 ; — ou bien dérive-t-elle du contrat de louage d'ouvrage qui unit les parties ?

La question a été vivement débattue; elle ne présente plus qu'un intérêt rétrospectif, puisqu'une loi récente du 9 avril 1898 est venue régler la matière en s'inspirant d'un troisième principe, celui du risque professionnel.

Nous exposerons néanmoins, rapidement, la controverse, parce que au point de vue doctrinal. elle a été le terrain sur lequel s'est le plus vivement livrée la bataille entre partisans de l'unité ou de la dualité de la responsabilité.

Depuis le Code Civil jusqu'au dernier quart de ce siècle, on avait admis universellement, en doctrine et en jurisprudence, que les art. 1382 et suivants étaient les seuls qui dussent régler la responsabilité du patron en matière d'accidents du travail. La victime devait donc établir la faute du patron, son imprudence, sa négligence, ou celle des personnes dont il doit répondre. Elle devait articuler contre lui des faits précis, pertinents et admissibles, — et faire ensuite la preuve de ces faits.

Une telle preuve était le plus souvent difficile, pour ne pas dire impossible à administrer. L'accident pouvait n'avoir pas eu de témoins ; ou, s'il y en avait, ils étaient le plus souvent dominés par la crainte de se compromettre, d'encourir l'animosité du patron, — ou même d'endosser une part dans la responsabilité de l'accident.

Frappé de ces inconvénients, M. Vavasseur, pour y remédier, prétendit pour la première fois que la jurisprudence se trompait lorsqu'elle appliquait l'art. 1382 à la matière des accidents du travail. Cet article, faisait-il observer dans un mémoire publié par *leDroit* du 20 mai 1880, est inapplicable ici, comme placé sous la rubrique « *Des engagements qui se forment sans convention.* » Or, en la matière qui nous occupe, il y a bien une convention ; celle de louage d'ouvrage. La seule responsabilité applicable est donc celle qui dérive du contrat. Toutefois M. Vavasseur ne croyait pas pouvoir conclure au renversement de la preuve. « L'absence d'un texte précis n'a pas permis à la jurisprudence de déduire du principe de protection, l'obligation de garantie, et cette lacune devrait être comblée par le législateur. »

S'inspirant de ces idées, M. Martin Nadaud, dès le 29 mai 1880, déposait sur le bureau de la Chambre un projet de loi dont l'article unique était ainsi conçu : « *Lorsqu'un homme louant son travail à un autre homme, s'est blessé ou tué à son service, l'employeur sera de plein droit responsable, à moins qu'il ne prouve que l'accident a été le résultat de la faute de la victime.* » On voit que ce texte n'avait d'autre but que la substitution pure et simple de la responsabilité contractuelle à la responsabilité délictuelle ; substitution dont l'effet était de renverser l'ordre de la preuve, imposant ainsi au patron la charge d'établir la faute de la victime. Le texte allait même plus loin que ne l'auraient permis les principes de la responsabilité contractuelle, puisqu'il mettait les cas fortuits à la charge du patron, s'inspirant ainsi en partie du principe du risque professionnel, dont nous parlerons plus loin. MM. Marc Sauzet, en 1883 (1), Sainctelette en 1884 (2), reprenant

(1) *Rev. crit.*, 1883, p. 616 et suiv.
(2) Sainctelette, *Resp. et garantie.*

l'idée exposée par M. Vavasseur aboutirent à une conclusion différente. Une loi nouvelle leur semblait inutile. Le patron, disaient-ils, est tenu par son contrat de veiller à la sécurité de ses ouvriers. C'est donc lui qui, selon les principes, étant débiteur, doit prouver qu'il n'est pas en faute.

Bref, au moment où la loi vint mettre fin à la controverse, on se trouvait en présence de trois systèmes différents.

1° Système de la jurisprudence. — La règle applicable à la matière des accidents est celle de l'art. 1382 L'ouvrier doit prouver une faute du patron. Toutefois, le patron doit prendre toutes les mesures possibles pour sauvegarder la sécurité de ceux qu'il emploie; il doit les prémunir même « contre les effets de leur propre imprudence ». Toute la jurisprudence était en ce sens (1).

M. Arthur Desjardin se fit le champion de cette manière de voir dans un article paru dans la Revue des deux Mondes (n° du 15 mars 1888). M. Marc Gérard la défendait dans la Revue critique (2), et

---

(1) Citons notamment, Lyon, 26 avril 1871, S. 71, 2, 156; — Chambéry, 5 juin 72, S. 72, 2, 275; — Aix, 10 janvier 77, S. 77, 2, 236; — Dijon, 24 janv 83, D. 84, 2, 89; — Paris, 29 mars 83, D. 84, 2, 89 et la note; — Amiens, 15 novemb. 83, S, 84, 2, 6; — Besançon, 27 fev. 84, D. 85, 2, 224; — Req., 2 décembre 84, D. 85, 1, 123; — Orléans, 13 Décembre 84. D. 86, 2, 12; — Alger, 15 fev. 93, D. 95, 2, 270; — Req. 5 avril 94, D. 94, 1, 479; — Nancy, 6 février 96, D. 97 2, 110; — Civ. rejet, 16 juin 96, D. 97, 1, 439

(2) Marc Gérard, *Le louage des services et la responsabilité des patrons,* Reo. crit. 1888, p. 426.

M. Emile Delacroix dans une note au Dalloz (1).
Suivant ce dernier auteur « l'art. 13~2 est le recours
suprême de tous ceux qui, contrairement à la loi,
subissent une violence, un dommage, un préjudice quelconque et qui ne sont pas investis par
les règles de l'interprètation des contrats d'une
action spéciale leur permettant d'en obtenir
réparation..... L'article 1382 est spécialement
applicable aux rapports entre ouvriers et patrons. »

2e Système. — La responsabilité du patron est
uniquement contractuelle. L'hypothèse est tout à
fait en dehors de celles prévues par l'art. 1382.
Aussi l'ouvrier n'a-t-il la charge d'aucune preuve
autre que celle-ci : l'accident est arrivé en cours
de travail. Le patron en est responsable sauf à lui
de prouver le cas fortuit, la force majeure, ou
la faute de l'ouvrier.

En ce sens, MM. Labbé, Sauzet, Lyon-Caen,
Huc, etc... (2).

3e Système. — La responsabilité du patron est
contractuelle, c'est vrai ; mais on ne trouve pas,
dans les obligations qui dérivent du contrat de
louage de services, les arguments nécessaires

---

(1) Dalloz. 86. 2, 153, note (a) ; — Citons encore Cotelle,
« *Garantie des accidents, Rev. pratique* 1884, t. 55 p. 519.

(2) Labbé, note sous cass Belge, 8 janvier 86, S. 86, 4, 25 ; —
Sauzet ; *Revue critiq.* 1883, p. 616 ; — Huc, *Code civil,* t. 8, n° 426
et suiv. ; 464 et suiv.

pour mettre le poids de la preuve à la charge du patron.

En ce sens, Glasson, Cotelle, Planiol (1).

4° *Quel aurait été notre système ?* — Nous ne ferons que l'indiquer, puisque la question n'a plus qu'un intérêt historique. Tout d'abord, nous aurions écarté l'art. 1382, inapplicable ici, puisqu'il existe entre les parties un contrat de louage d'ouvrage.

Ensuite, nous aurions dit : La responsabilité du patron a son *criterium* dans les obligations que le contrat met à sa charge. Nous aurions essayé déterminer de la sorte l'étendue de la responsabilité du patron. La tâche n'aurait été ni sans intérêt, ni sans difficultés. Il n'aurait pas été commode de préciser les obligations qui naissent du louage d'ouvrage (articles 1780 et 1781) (2).

Enfin, pour ce qui concerne la question de preuve, nous nous serions demandé : l'obligation du patron est-elle positive ou négative ? Quelle que soit la solution adoptée en ce qui concerne la

---

(1) Glasson, *Le Code Civil et la question ouvrière*; — Cotelle, *De la garantie des accid., Rev. pratique* 1884, p. 519 et s.; — Planiol, *Rev crit.* 1888, p. 282.

(2) Rappelons que le Code ne contient à ce sujet qu'une disposition inutile et une disposition abrogée. Reste un texte qu'il faut exhumer de la période révolutionnaire, l'art. 14 de la loi du 22 germinal anXI, qui recommande aux patrons et ouvriers d'exécuter leurs contrats de bonne foi ; — Citons encore l'art. 6 du décret du 3 janvier 1813 (police des mines). Décret des 22 et 23 nov. 1861 (exploit. des carrières'. Art. 14, loi des 19 mai, 3 juin 74 (travail des enfants et filles mineures dans l'industrie)

détermination des effets du contrat de travail, nous pouvons dire que l'obligation du patron est positive ; il doit, d'après les arrêts de la jurisprudence, veiller à ce que le tr vail soit exécuté dans toutes les conditions possibles de sécurité : obligation positive. Il doit dans le système de M. Sainctelette rendre l'ouvrier à lui-même par analogie de ce qui se passe dans le louage des choses : ici encore obligation positive.

C'était donc en tous cas au patron qu'incombait la charge de prouver qu'il a satisfait aux obligations que lui impose le louage d'ouvrage.

Nous ne faisons qu'indiquer tous ces points, esquisser notre système. Le développer serait une besogne inutile, en présence du texte de la loi du 9 avril 1898.

Cette loi, en effet, éteint à jamais toutes les controverses plus haut résumées, en s'inspirant d'un principe nouveau dont nous allons dire quelques mots, celui du *risque professionnel*. Les accidents du travail sont considérés comme faisant partie de cet ensemble de risques inéluctables qu'entraîne, à la charge du chef d'entreprise, l'industrie moderne. Les indemnités aux victimes rentrent donc dans les frais généraux de production. Elles sont à la charge du patron. C'est bien ce que dit l'art. 1er de la nouvelle loi :

« *Les accidents survenus par le fait ou à l'occasion du travail, aux ouvriers et employés dans l'industrie..... donnent droit, au profit de la vic-*

*time ou de ses représentants, à une indemnité à
la charge du chef d'entreprise,.... etc.* »

Avant toutefois d'abandonner la question, nous
croyons intéressant de rechercher quelle fut au
point de vue qui nous occupe, l'influence de la doctrine sur la jurisprudence. Nous pourrons nous
rendre compte, à ce propos, des progrès qu'a pu
faire dans la pratique, la théorie nouvelle des deux
responsabilités.

Il faut avouer que ces progrès se réduisent à
peu de chose, au moins dans la jurisprudence
française. Malgré les assauts répétés donnés à
cette manière de voir, l'art. 1382 est resté le fondement de la responsabilité du patron. Un arrêt de
la Cour de Rennes porte notamment « que la règle
de l'art. 1382 est générale, absolue, applicable dans
tous les cas, que le dommage ait été causé au cours
de l'exécution d'un contrat quelconque à l'un des
contractants par son co-contractant, ou qu'il soit
le fait d'un tiers, juridiquement étranger à la
personne lésée » (1). C'est la confirmation pure et
simple de la théorie de l'unité de la responsabilité.

Mentionnons toutefois que certains auteurs (2)
considéraient la théorie de la jurisprudence en
matière d'accidents, laquelle sanctionnait ce qu'on
a nommé « la faute objective du patron, » comme
un acheminement vers la théorie de la faute
contractuelle.

(1) Rennes, 30 mars 1893, D. 93, 2, 526.
(2) Pic, *Annales de Droit commercial*, 1893, p. 440.

Mais notons surtout, dans ce sens nouveau un arrêt de la Cour de Paris, 3e Chambre, en date du 19 mai 1893 (1), confirmé par la Cour de Cassation, et qui fait dériver nettement du contrat de louage d'ouvrage la responsabilité du patron.

« Considérant, dit ce très intéressant arrêt, que Guisiez et Cousin, en traitant avec Teffaine, ont contracté envers celui-ci l'obligation de lui confier une machine propre à remplir l'office auquel elle était destinée ; que de son côté, en échange du salaire qu'il recevait, Teffaine était tenu d'apporter tous ses soins à la dite machine et de la faire fonctionner suivant les règles ordinaires.....

Considérant que l'accident dont Teffaine a été victime a eu pour cause originelle la rupture du tube qui présentait un défaut de soudure ; — considérant que si, dans l'espèce, une clause spéciale garantissant le mécanicien contre une explosion de sa machine ou un échappement de vapeur n'a pas été insérée en la convention, il y a lieu de faire application de l'art. 1160 du Code Civil, et de suppléer dans le contrat la clause qui est d'usage, et qui est ici de toute nécessité..... »

On voit que cet arrêt, s'écartant de la voie tracée par ses devanciers, répudie de tous points l'ancienne théorie de la jurisprudence, pour y substituer la théorie moderne de la responsabilité contractuelle en matière d'accidents.

_____

(1) D. 97, 1, 435 ; — Cf. Cons. d'Etat, 21 juin 1895, D. 96, 3, 65.

Toutefois ce n'est là qu'un arrêt isolé, parmi tant d'autres fidèles aux anciens errements.

L'influence de la théorie de M. Sainctelette sur la jurisprudence étrangère est bien plus considérable.

Plusieurs tribunaux belges l'ont appliquée, en toutes ses parties (1). Elle est résumée en une formule saisissante par un arrêt de la Cour suprême du Luxembourg en date du 27 novembre 1884.

« Attendu, dit cet arrêt, que le patron industriel devient *débiteur contractuel de la sécurité de l'ouvrier*, qu'il doit le *garantir* (2) des conséquences du danger dans lequel il l'a volontairement placé, et qu'en vertu du principe des articles 1315, 1147, 1148 et 1302 du Code Civil, il ne peut être libéré de cette obligation que par la faute de l'ouvrier ou par évènement de force majeure... »(3)

C'est absolument la même idée qu'exprimait M. Tolain au cours de la discussion de la loi de 98 lorsqu'il disait que l'ouvrier était, vis à vis du patron, un « créancier de sûreté. »

---

(1) Bruxelles, 25 avril 1885, *Rev. des Sociétés* 1885, p. 625 ; — 28 avril 85 *ibid.*, p. 626 ; — Anvers, 17 juillet 85, *La loi*, n° du 9 octobre 1885 ; — Bruxelles, 8 janvier 86, 2, 153.

(2) Cet arrêt confirme jusque dans sa terminologie le système de M Sianctelette, qui, comme on s'en souvient, oppose responsabilité et *garantie.*

(3) D 86, 2, 153 en note (a) sous Bruxelles 8 janvier 1886.

CHAPITRE V

Responsabilité du locataire au cas d'incendie

§ I. — 1re Période. Théories de la présomption de faute -- Leur influence sur la jurisprudence.

§ II. — 2e Période Apparition et développement de cette idée que les art. 1733 et 1734 ne sont que l'application au locataire, des règles qui régissent la dette de corps certain. Réfutation de la présomption de faute. Les dangers de cette expression. Influence de la théorie nouvelle sur la jurisprudence.

§ III. — 3e Période. Depuis la loi du 5 janvier 1883. Etude générale de cette loi ; les travaux préparatoires.

§ IV. — Application de la théorie de la responsabilité contractuelle a l'interprétation de l'art. 1733.

   a) L'art. 1733 indique-t-il limitativement les faits que le locataire devra démontrer pour échapper à la responsabilité ?

   b) L'art. 1733 exige-t-il du locataire une preuve *directe* de la force majeure; ou bien une preuve indirecte est-elle satisfactoire?

   1° Système de la preuve directe.

   2° Système de la preuve indirecte — Jurisprudence, son évolution.

§ V. — Application de la théorie de la responsabilité contractuelle a l'interprétation du nouvel art 1734.

   A) Qui doit supporter la perte résultant des dommages causés par le sinistre aux appartements des habitants qui échappent à la responsabilité ?

   a) Ce sont les locataires qui n'y échappent pas. Réfutation.

   b) C'est le propriétaire. Démonstration.

B) Quelle est la responsabilité du locataire chez qui il est prouvé que le feu a pris, sans qu'il soit démontré que ce soit par sa faute ?

C) Indication de quelques autres difficultés.

Art. 1733. — « *Il* (le locataire) *répond de l'incendie, à moins qu'il ne prouve,*

Que l'incendie est arrivé par cas fortuit ou force majeure, ou par vice de construction,

Ou que le feu a été communiqué par une maison voisine.

Art. 1734. — *(Ainsi modifié, loi du 5 janvier 1883). S'il y a plusieurs locataires, tous sont responsables de l'incendie, proportionnellement à la valeur locative de la partie de l'immeuble qu'ils occupent ; à moins qu'ils ne prouvent que l'incendie a commencé dans l'habitation de l'un d'eux, auquel cas celui-là seul en est tenu ;*

Ou que quelques-uns ne prouvent que l'incendie n'a pu commencer chez eux, auquel cas ceux là n'en sont pas tenus. »

La responsabilité du locataire, telle qu'elle ressort de ces articles, est-elle délictuelle ou contractuelle? A-t-elle son principe dans l'art. 1382 ou dans l'art. 1302?

Pour étudier la question nous distinguerons trois périodes.

§ I

1re PÉRIODE. — Durant cette première période, on expliqua ces deux articles par une « *présomp-*

tion de faute », dérogeant aux règles de la preuve telles qu'elles découlent de l'art 1382.

Il n'y avait controverse que sur le point de savoir si cette présomption de faute était générale, applicable à tous les débiteurs de corps certain en cas d'incendie, — ou spéciale au locataire.

1er Système. — La présomption a un caractère général. Elle dérive de la maxime romaine « *Incendia plerumque fiunt culpa inhabitantium* », qui ne distingue pas entre le preneur et les autres débiteurs de corps certain (1).

Elle est fondée uniquement sur le fait de l'habitation ou de la détention. Aussi le propriétaire peut-il l'invoquer, non seulement contre son locataire au cas d'incendie ; mais encore, par exemple, contre son voisin, lorsque le feu a pris chez ce dernier et s'est ensuite communiqué aux maisons voisines.

Le législateur, d'après les partisans de ce système, a fait au locataire l'application d'une règle plus générale, qui veut qu'au cas d'incendie, tout débiteur de corps certain soit présumé en faute. De cette règle, il n'a été fait mention expresse

---

(1) MM. Guillouard (*Traité du louage, t. 1 ; 244*) et Bourcart (*De la resp. des locat. en cas d'incendie, p 6*) ont démontré que tel n'était pas le sens de la maxime romaine Elle a trait simplement à une question de police intérieure, et ne tranche nullement la question de preuve. La théorie romaine, en la matière qui nous occupe, est conforme aux règles du droit commun régissant la dette de corps certain, dans les contrats où le débiteur répond de sa faute — ce qui était le cas pour le locataire.

qu'au titre du louage de choses, parce que c'était le seul cas où quelque difficulté pût se produire.

Des doutes, en effet, étaient possibles sur le point de savoir si le locataire serait tenu de sa faute très légère, selon la doctrine des anciens interprètes, lesquels n'admettent pas cette faute dans les contrats qui, comme le louage, sont dans l'intérêt des deux parties (1).

2ᵉ Système. — La présomption de faute de l'art. 1733 est spéciale. Elle doit, comme toutes les présomptions et particulièrement les présomptions de faute, être interprétée limitativement. On ne peut l'étendre au delà de l'espèce prévue par le législateur. La présomption de faute au cas d'incendie ne peut donc être invoquée que par le propriétaire contre son locataire (2).

Duvergier résume ainsi ce système dont il est est l'auteur : « L'article 1733 ne vaut que comme *dérogation au droit commun* ; il ne vaut que comme exception. »

La jurisprudence qui avait un moment appliqué le premier système, adopta vite le second qui lui était, en effet, infiniment préférable.

---

(1) En ce sens : Toullier, *Droit civ.*, t. 11, nᵒ 161 ; — Malleville, *Discussion du Code Civil*, t. 3, p. 447 ; — Arrêts anciens : Anciens, 24 messidor, an IV; — Toulouse, 13 décembre 1808 ; Douai, 24 mars 1821 ; Montpellier, 23 mars 1824, S. 24, 2, 250.

(2) En ce sens : Duvergier, *Louage*, t. I, p. 411 et s. ; — Duranton, 17, nᵒˢ 104 et 105 ; — Merlin, note au S. 1824, 2, 253.

Elle décida en conséquence :

Que la présomption de faute édictée contre le locataire n'est pas applicable au voisin (1) ; qu'elle n'est pas applicable non plus au cas où l'action en responsabilité est intentée par un locataire contre un autre locataire (2) ; ni dans le cas où cette action est intentée par le locataire contre le propriétaire (3).

§ II

2ᵉ Période. — En cette période, apparait et se développe cette idée, que l'art. 1733 n'est autre chose que l'application pure et simple des principes de la responsabilité contractuelle, relatifs à la dette d'un corps certain.

Cette manière de voir fut exprimé pour la première fois par Trolong, admise par Larombière, et bientôt adoptée par la grande majorité des auteurs (4).

---

(1) Riom, 5 mai 1809, S. 10, 2, 56 ; — Caen, 27 août 1819, S. 19, 2, 257 ; — Paris, 27 janvier 1824, D. 24, 2. 147. et 16 mai 1825, S. 6, 2, 179 ; — Cassat., 1ᵉʳ juillet 1834, S. 34, 1, 559 ; — Limoges, 23 novemb. 1838 ; — S. 39, 2, 405.

(2) Bordeaux, 25 juin 1828, S. 29. 2, 19 ; — Lyon, 12 août 1829, S. 30, 2, 33 ; — Cassat., 11 avril 1831, S. 31, 2, 196 ; — Paris, 1ᵉʳ juillet 1841, D , *Jur. gén* , vᵒ Louage, nᵒ 412.

(3) Douai, 17 décembre 1844, D. 45. 2, 102 ; — Cassat., 23 août 1854, *Gaz. trib* , 25 août 1854 ; — Cassat., 7 mai 1855, D 55, 1, 165.

(4) En ce sens : Troplong. Louage, 2, nᵒˢ 364 et s., 222 et 342 ; — Duranton, 17, nᵒ 104 ; — Larombière, *Oblig.* sur l'art. 1148, nᵒ 10 ; — Colmet de Santerre, 7, nᵒ 179 *bis*, II ; — Demolombe, *Contrats* 5, nᵒˢ 705 et s. ; — Aubry et Rau, 4, § 367, note 21 ; — Laurent, 25, nᵒ 276.

« Les dispositions de l'article 1733, dit M. Larombière, ne sont pas une exception particulière au
louage ; elles se rattachent aux principes ordinaires du droit commun. Et cela est si vrai, qu'en
effaçant pour un moment ces dispositions du titre
du bail, on serait forcément amené à les y introduire, par les principes généraux du droit. »

Même doctrine dans MM. Demante et Colmet de
Santerre : « On doit considérer l'article 1733
comme une conséquence naturelle des règles géné-
rales sur les obligations des débiteurs de corps
certains... »

Citons encore M. Laurent: « Le locataire est débiteur d'un corps certain et déterminé ; il ne restitue
pas et prétend qu'il est libéré par perte fortuite. Il
doit prouver le cas fortuit qu'il allègue. Si donc il
allègue l'incendie, il doit prouver que l'incendie
est un cas fortuit, partant qu'il a éclaté dans sa
faute. »

Cette théorie fut encore précisée par les travaux
de MM. Marc Sauzet, Guillouard, Bourcart, Dramard, Charmont, Planiol, etc. (1).

Est-il utile de dire que c'est à la vérification de
son exactitude que nous aboutirons, si nous faisons application à l'espèce qu'elle prévoit, des

---

(1) Marc Sauzet, *Note sur les art. 1733, 1734, C. Civ., Rev.
crit.* 1879, p. 568 ; — *De la respons. du locat. envers le bailleur
d'après le nouvel art. 1734, Rev. crit.* 1885, p. 166 ; — Guillouard,
Tr. du louage ; — Bourcart, *Du fondement de la resp. des locat
en cas d'incendie* ; — Dramard, *Respons. des co-locataires, Rev.
crit.* 1887, p. 240 ; — Charmont, *Rev. crit., Examen doctrinal* 1891,
p. 85 ; — Planiol, *Rev. crit.* 1888, p. 286.

principes que nous avons posés lors de la discussion générale sur les deux responsabilités?

Nous sommes en effet en présence d'un contrat, celui de louage de choses. La responsabilité délictuelle est donc inapplicable. Celle du locataire naît de la violation de l'obligation qui dérive, à sa charge, du contrat. Cette obligation est aussi explicite que possible. Elle est de rendre un corps certain ; elle est même spécialement prévue par l'article 1732. « *Il répond des dégradations ou pertes qui arrivent pendant sa jouissance, à moins qu'il ne prouve qu'elles ont eu lieu sans sa faute.* »

L'obligation qui incombe au locataire est *positive*. C'est donc à lui, s'il veut échapper à la responsabilité, de démontrer que l'incendie est dû à un cas fortuit (1), ou, ce qui revient au même, qu'il ne lui est pas imputable à faute.

Tels sont bien en effet les résultats auxquels aboutit la théorie des auteurs que nous avons nommés. Signalons toutefois une variante à la théorie générale, due à MM. Lalande et Couturier (2).

Pour ces auteurs, la responsabilité du locataire est à la fois : contractuelle en tant qu'il répond des lieux loués ; et délictuelle en tant qu'il répond d'objets étrangers au bail. A ce dernier point de

---

(1) L'incendie n'est pas par lui-même un cas fortuit. Tel est le sens moderne de la maxime : « *Incendia plerum que fiunt...* » Contra : Proudhon *Usuf.* t. 3, nᵒˢ 1540 et 1541 ; — Demolombe, qui s'est d'ailleurs réfuté lui-même, t. 28, nᵒ 769.

(2) Lalande et Couturier, *Tr. du cont. d'assurance contre l'incendie*, nᵒ 625.

vue, l'article 1733 crée une véritable présomption de faute.

Nous disons ; une *véritable* présomption de faute. C'est qu'un grand nombre de ces mêmes auteurs qui font de l'article 1733 l'application pure et simple du droit commun en matière de contrats, n'ont pas su s'affranchir de la vieille terminologie, et emploient encore l'expression « présomption de faute du locataire. » C'est une façon de parler impropre, comme l'a fort bien démontré M. Sauzet. « On ne peut pas, dit-il, dans un langage juridique exact, dire à la fois que la responsabilité du locataire est contractuelle et qu'il y a une présomption de faute contre lui... L'inexécution par l'un des contractants de l'une de ses obligations, voilà la *faute* qui le rend responsable, qui le soumet à la garantie. Il n'y a pas à la présumer » (1).

Cette expression « présomption de faute » est non seulement inexacte, mais encore périlleuse. M Bourcart nous donne l'explication de sa « fortune suprenante » en même temps qu'il nous en révèle les dangers : « La *présomption de faute*, voilà le grand mot, l'expression fatale. On ne l'avait employée que pour rendre d'une façon originale, saisissante à l'esprit et brève en même temps un résultat donné. Cela indiquait à qui incombait le fardeau de la preuve... Mais on devait exagérer, on exagéra la portée de l'observation...

_____

(1) En ce même sens : Bourcart, *loc. cit.*, p. 5 ; — Labbé, note au S. 85, 2, 73.

On en vint à considérer le locataire comme obligé, non plus en vertu de son contrat, mais en vertu d'une *présomption légale de faute.* »

Nous irons plus loin ; nous dirons : l'article 1733, loin de créer une présomption, tend au contraire à en empêcher une, celle de la libération du débiteur. Il ne faut pas présumer la libération du débiteur, tel est le principe qu'il proclame, après l'article 1315.

La théorie de la responsabilité contractuelle du locataire a eu sur la jurisprudence une influence considérable. On se rappelle que les tribunaux avaient commencé par sanctionner la vieille théorie de la présomption de faute, rattachant ainsi à l'article 1382 la responsabilité de l'article 1733

Nous allons la voir se rallier au système qui nous occupe, offrant ainsi le reflet fidèle des progrès de la doctrine.

« Attendu, dit un arrêt de la Cour de Poitiers, qu'en droit la présomption de faute édictée par l'article 1733 n'a d'autre fondement que l'obligation conventionnelle de conserver et de rendre la chose louée ; qu'elle se rattache aux principes ordinaires du droit commun, suivant lesquels, une fois prouvée l'obligation de restituer une chose à autrui, le débiteur ne peut être libéré qu'à la charge par lui d'établir le fait, exclusif de toute idée de négligence, qui a produit l'extinction de son engagement ; qu'il suit de là que cette obligation ne peut exister que vis-à-vis de ceux qui ont contracté cette obligation, et seulement encore en faveur de ceux à l'égard desquels, elle a été contractée ou de leurs ayants cause ; que telle n'est point la situation qui existe entre le bailleur originaire et un sous locataire » (1).

Citons encore un arrêt de la Cour de Toulouse qui dispose « que la présomption *incendia...* n'a point été reçue dans notre Code, qui ne base la responsabilité du locataire que sur le principe contractuel écrit dans les art. 1302, 1147, 1245 du Code Civil » (2).

Nous voyons donc la jurisprudence actuelle d'accord avec la doctrine, pour consacrer le caractère contractuel de la responsabilité du locataire.

Comment se fait-il que nous ayons eu à constater une solution absolument différente en matière de louage de services, la jurisprudence continuant à attribuer à la responsabilité du patron en cas d'accident, un caractère délictuel ? Nous ne nous chargerons pas de l'expliquer. Peut-être cela tient-il à ce que les obligations, découlant du louage de choses, sont plus précises que celles dérivant du louage de services ?

En tous cas cette contradiction de solutions dans des questions analogues, n'indique-t-elle pas la nécessité qu'il y a de délimiter fermement le domaine de l'une et l'autre responsabilité ?

---

(1) Poitiers, 24 janvier 1889, D. 90, 2, 100.
(2) Toulouse, 7 février 1888, D. 90, 2, 100.

§ III

3ᵉ Période. — On sait que la loi du 5 janvier 1883 a modifié ainsi qu'il suit l'article 1734 du Code Civil :

Ancien texte : *S'il y a plusieurs locataires, tous sont solidairement responsables de l'incendie ;*

Nouveau texte : *S'il y a plusieurs locataires, tous sont responsables de l'incendie, proportionnellement à la valeur locative de la partie de l'immeuble qu'ils occupent ;*

à moins qu'ils ne prouvent que l'incendie a commencé dans l'habitation de l'un d'eux, auquel cas celui-là seul en est tenu ;

Ou que quelques-uns ne prouvent que l'incendie n'a pu commencer chez eux, auquel cas ceux-là n'en sont pas tenus.

Ce nouveau texte a fait naître de sérieuses difficultés, des discussions considérables. Et M. Durand avait eu une vue malheureusement prophéthique, lorsqu'il exprimait, en son rapport à la Chambre des députés, la crainte « que le système qui a prévalu au Sénat ne donnât lieu à de nombreux procès » (1).

Pour résoudre ces difficultés selon nos principes, nous allons exposer d'abord l'historique et

_____

(1) *Journ. Officiel*, Doc. parl., Ch. des députés, annexe à la séance du 14 nov. 82.

les travaux préparatoires de la loi. N'est-ce pas le meilleur moyen d'en connaître l'esprit?

Empressons-nous de dire que nous y trouverons la confirmation éclatante de la théorie que nous avons soutenue.

L'art. 1734 édictait contre les locataires d'une maison, une responsabilité solidaire au cas d'incendie. Cette disposition fut l'objet de critiques très vives, et profondément justifiées.

Aussi, dès 1879, un député, M. Viette proposait-il l'abrogation de l'art. 1733 et aussi celle de l'art. 1734. Nous n'avons pas besoin d'insister sur l'erreur juridique que commettait l'honorable député, lorsqu'il disait dans son exposé des motifs :

« Les articles 1733 et 1734 du Code Civil, par une dérogation au principe général des dommages-intérêts, formulé dans les art. 1382 et 1383 du même Code, ont établi contre le locataire d'un immeuble qui viendrait à être incendié, la présomption de faute, de négligence ou d'imprudence. » Même erreur dans le rapport proposé au nom de la Commission par M. Seignobos. (1)

La question fut heureusement remise au point par M. Durand lors de la discussion de la loi : « La responsabilité inscrite dans l'art. 1733 du Code Civil n'est, en somme, qu'*une application logique des règles qui gouvernent les contrats*. Aussi était-elle déjà admise dans la législation romaine, proclamée par nos anciens parlements, et n'est-elle,

(1) *Journ. Off.*, Ch. des dép., Annexe, séance du 12 juin 1879.

sous le Code lui-même, qu'une conséquence du principe général déposé dans l'art. 1302. »

Telle est aussi l'opinion de M. Batbie en son rapport au Sénat :

« Dans le cas de l'art.1302, le propriétaire agit en restitution en vertu du contrat ; et le détenteur, s'il excipe de la perte fortuite, doit prouver son exception et démontrer que la chose a péri sans sa faute.

Les art. 1732 et 1733 sont l'application à la matière du bail, de la règle posée dans l'art. 1302 du Code Civil.

L'art. 1734, tel que nous vous proposons de le modifier, n'en sera que l'application correcte » (1).

Tels étaient les principes juridiques sur lesquels reposait la nouvelle loi. On voit que les efforts de la doctrine n'avaient pas été vains. La théorie contractuelle de la responsabilité du locataire, qu'elle préconisait, y avait reçu une consécration indéniable.

On pouvait espérer que les adversaires de ce système se tiendraient cois désormais. Il n'en fut rien ; et l'on ne tarda pas à se rendre compte que le texte nouveau n'avait eu d'autre effet que de susciter de nouvelles controverses.

§ IV

APPLICATION DE LA THÉORIE DE LA RESPONSA-
BILITÉ CONTRACTUELLE A L'INTERPRÉTATION DE

---

(1) *Journ. Off.*, Annexe au procès-verbal, séance du 11 mai 1882.

L'ART. 1733 (cas où il n'y a dans la maison qu'un seul locataire).

L'art. 1733 indique-t-il *limitativement* les faits que le locataire devra démontrer, pour échapper à la responsabilité, savoir le cas fortuit, la force majeure, le vice de construction, ou la communication par une maison voisine? (1).

Ou bien cet article ne donne-t-il qu'une simple énumération des cas les plus fréquents où le locataire sera reconnu n'être pas en faute, sans avoir d'ailleurs aucunement l'intention de proscrire tous autres moyens de prouver cette absence de faute? (2)

Nous ne discuterons pas la question posée en ces termes. La solution qu'on y apporterait n'aurait aucun intérêt pratique. Qu'on la décide en un sens ou dans l'autre, la condition du locataire reste la même. En effet l'art. 1733 admet ce dernier à prouver le *cas fortuit*, expression tellement large qu'elle comprend tous les cas où le locataire n'est pas en faute (3).

Nous poserons la question d'une façon plus précise, en nous demandant si l'art. 1733 exige de

---

(1) Dans le sens de l'affirmative : Toullier, t. 11, n° 161 ; — Marcadé. sur l'art. 1733, n° 1 ; — Aubry et Rau, t. 4, notes 20-22 ; — Baudry et Wahl, *Louage*, t. 1, n° 754, p. 411 ; — Huc, *Dr. civil*, t. 10, n°s 315-316 ; — Cassat. 16 août 82, S. 84, 1, 33 ; — Caen, 1er décembre 92, S. 93, 2. 152.

(2) Dans le sens de l'affirmative : Duvergier, 1, 441 ; — Colmet de Santerre, 7, n° 179 *bis*, VI ; — Laurent, 25, n° 279 ; — Guillouard, I, n° 209 ; — Huber, *Resp. contract. en matière d'incendie*, p. 91 et suiv.

(3) Voir Richard et Maucorps, *Resp. civ. en matière d'incendie*, n° 284.

la part du locataire une *preuve directe* de la force majeure, du cas fortuit, etc... ; — ou s'il lui suffit de démontrer qu'il n'a pu commettre de faute, fournissant simplement en ce cas une *preuve indirecte.*

Cette question est fort importante. Le nombre considérable des arrêts intervenus à son sujet indique l'intérêt qu'elle offre dans la pratique.

1ᵉʳ Système. — Le locataire, pour échapper à la responsabilité, doit établir *directement* le fait constituant le cas fortuit, la force majeure, le vice de construction ou la communication du feu par une maison voisine (1).

Ce système part de l'idée que nous avons combattue, de présomption de faute : le locataire est sous le coup, dit-on, d'une présomption légale de faute. « En principe la preuve contraire à une pareille présomption peut être fournie par tous les moyens suivant le droit commun. Mais il en est différemment lorsque la loi, en réservant la preuve contraire, a indiqué un mode spécial de preuve, par lequel seul la présomption pourrait être combattue... Or il est incontestable que l'art. 1733 a indiqué certains modes de preuves déterminés pour détruire la présomption qu'il établit... Donc en dehors des seuls modes de justi-

---

(1) Marcadé, sur l'art. 1733, t. 6, p. 463 ; — Aubry et Rau, t. 4, § 367 et la note ; — Richard et Mancorps, *Respons civile en matière d'incendie*, nᵒˢ 295 et suiv. ; — Baudry et Wahl, *Louage*, nᵒ 754..

fication que la loi a énumérés, nulle autre preuve
ne doit être admise » (1).

Nous touchons ici du doigt les inconvénients
de la terminologie qui consiste à parler de la
« présomption de faute » du locataire. Il n'y a
en effet ici, (il serait superflu de le démontrer une
nouvelle fois), nulle présomption de faute, mais
seulement une application parfaitement logique
du droit commun.

Nous repoussons donc ce premier système. La
grande majorité de la jurisprudence le repoussait
aussi ; on ne pouvait citer en sa faveur que de
très rares arrêts (2) lorsque, par une évolution
inverse de celle de la doctrine, et difficile à expliquer, la jurisprudence revint sur ses pas et se mit
à sanctionner le système que nous venons de
condamner. Un certain nombre de décisions du
moins sont en ce sens (3). Il s'en faut heureusement qu'elles le soient toutes.

2ᵉ Système. — Le locataire pourra démontrer
indirectement le cas fortuit, en prouvant qu'il n'a
pu commettre aucune faute. C'est la solution à

(1) Richard et Maucorps, *Loc. cit*, nᵒˢ 296 et 297.
(2) Lyon, 24 juillet 1834, D. 35, 2, 41 ; Paris, 15 mai 1834, S. 34,
2, 322 ; — Tribunal civil de la Seine, 26 novemb. 51, *Journ. des
Assurances*, année 1852, p. 183 ; — Tribunal civ. de Besançon,
16 décemb. 59, *id*, année 1860, p. 173 ; — Cassat, 20 avril 59, *id.*,
année 1860, p. 176.
(3) Angers, 20 mai 91, *Gaz. des Trib.*, 30 juillet 91 ; — Trib.
civ. de la Seine, 17 juin 93, *Gaz. des Trib*, 24 sept. 93 ; — Trib.
civ. de Langres, 2 mai 94, *Gaz. des Trib*, 13 juin 94.

laquelle nous aboutissons si nous appliquons à l'espèce les principes que nous avons posés relativement à la preuve.

L'art. 1733, en effet, ne nous apparaît nullement comme une exception au droit commun. Nous n'y voyons qu'une application de la règle générale dont l'art. 1302, spécialement applicable à l'espèce, n'est qu'une conséquence, savoir : le fardeau de la preuve du cas fortuit incombe au débiteur, quand l'obligation à sa charge est positive. Or, tel est le cas ici.

Donc, le locataire peut prouver par tous moyens le cas fortuit qu'il invoque comme fait libératoire de son obligation de restituer les lieux loués. Mais encore faut-il que cette preuve soit faite. Et il ne paraît pas que la jurisprudence se soit toujours montrée suffisamment sévère, quant à la pertinence des faits invoqués en ce sens.

C'est ainsi qu'un jugement du tribunal de Bordeaux (1) déclare, à tort selon nous, que la preuve du cas fortuit résulte des circonstances, quand le locataire établit qu'il n'est entré personne dans les lieux incendiés, plusieurs jours avant l'incendie (2).

En effet, le feu peut avoir « couvé » pendant longtemps, le locataire peut encore avoir laissé,

---

(1) Bordeaux, 26 juin 55, *Journ. des Assurances*, 1856. p. 58.

(2) En ce même sens : Douai, 13 juin 1832 et Cass. 11 février 1834, D. *jur gén*, v° *Louage*, n° 369 à la note ; — Paris. 16 avril 1836, S. 37, 2, 70 ; — Bourges, 13 juillet 63, *Journ. des Ass.*, 63, 393 ; — Liège, 23 mai 68, *Journ. des Ass.*, 70, 164, etc.

par exemple, un bec de gaz allumé près d'un rideau qu'un coup de vent a emflammé, etc... etc ..

Aussi croyons-nous que le locataire, s'il n'est pas obligé d'indiquer la cause précise de l'incendie, doit au moins établir d'une manière péremptoire l'impossibilité absolue d'attribuer le sinistre à une autre cause que la force majeure. La preuve indirecte est possible — mais elle doit être décisive (1).

Ce second système est celui de la jurisprudence presque tout entière, — sauf les dissidences qui se sont produites en des décisions récentes et dont nous parlions plus haut.

« Attendu, dit un arrêt de la Cour de Rouen (2), que l'art. 1733 doit être entendu en ce sens, non que le preneur doit prouver directement et taxativement la cause de l'incendie, mais bien qu'il est *impossible* qu'une faute ait été commise soit par lui, soit par ceux dont il est responsable... »

Dans le même esprit, un arrêt de la Cour de Grenoble, confirmé par la Cour de Cassation (3), dispose « qu'il serait contraire à l'esprit du législateur, comme à la raison, d'obliger le locataire à

---

(1) Duvergier, *Dr. civ.*, p. 441. — Dans le sens du 2e syst. : Bourcart, *loc. cit.*, p. 19 ; (Les références et la jurisp. en note.)

(2) Rouen, 16 juin 45, D. 45, 2, 172.

(3) Grenoble, 30 nov. 1852, D. 54, 1, 57 ; — Cass., 14 nov. 53, D. 54, 1, 56 ; — Cass., 11 janvier 70, D. 70, 1, 256 ; — Caen, 15 juin 72, S. 73, 2, 7 ; — Nancy, 21 mai 73, D. 74, 5, 318 ; — Lyon, 26 mars 79, S. 79, 2, 67 ; — Amiens, 9 avril 80, S. 80, 2, 212 ; — Bordeaux, 10 mai 84, S. 84, 2, 198 ; - Riom, 11 août 91, D. 92, 2, 175 ; — Caen, 1er décemb. 92. D. 93, 2, 379 ; — Alger. 25 nov. 93, D. 94, 2, 502 ; — Trib. civil Argentan. 19 décemb. 94. *Gaz. Trib.* 23 avril 95, etc.

prouver d'une manière spéciale et directe les cas fortuits... »

Notre système a encore été ratifié par les travaux préparatoires de la loi du 5 janvier 1883. Nous y voyons, en effet, qu'un amendement fut présenté par MM. Bernard, Gâtineau et Montané, à l'effet d'introduire dans la loi la solution que nous avons préconisée. Cet amendement fut repoussé par la Commission comme inutile, la Cour de Cassation étant, fut-il dit, définitivement fixée en ce sens.

Comment se fait-il, après cela, que la jurisprudence retourne à ses anciens errements, et aille exhumer le système de Marcadé pour le sanctionner par des décisions récentes ? Nous ne nous chargeons pas d'en donner les raisons.

§ V

APPLICATION DE LA THÉORIE DE LA RESPONSABILITÉ CONTRACTUELLE A L'INTERPRÈTATION DU NOUVEL ARTICLE 1734 (pluralité de locataires).

Supposons maintenant que la maison incendiée est habitée par plusieurs locataires, et que quelques-uns réussissent à prouver que le feu n'a pas pris chez eux.

Qui va supporter la perte résultant des dommages causés par le sinistre aux appartements de ceux d'entre les habitants qui échappent à la responsabilité ?

Sera-ce le propriétaire, ou bien les locataires qui restent soumis à la responsabilité ?

Autrement dit, quelle est l'étendue de la responsabilité des locataires qui ne peuvent faire la preuve exigée par l'art. 1733 ? Doivent-ils réparer *tout* le dommage proportionnellement à la valeur locative des lieux qu'ils occupent? Ou bien seulement le dommage causé à l'appartement qu'ils habitent ?

Nous dirions volontiers que poser la question, c'est la résoudre. Nous avons vu que les travaux préparatoires disent et répètent continuellement que l'ancien système « de la présomption de faute, est désormais condamné, pour faire place au système de la responsabilité contractuelle.

Quelle est dans ces conditions la mesure de la responsabilité du locataire? Elle est dans son obligation, — son obligation de conserver et de rendre.

Doit-il conserver et rendre l'appartement de son co-locataire ? En aucune façon !

Dès lors, peut-on lui imposer la responsabilité des dégâts causés par l'incendie dans cet appartement? Pas davantage !

Il s'en faut, malheureusement, que la question soit aussi simple qu'il paraît au premier abord. Un système contraire soutient avec force que le locataire est tenu, proportionnellement à la valeur locative de son appartement, de la *totalité* des dégâts survenus à l'immeuble Nous allons l'exposer en premier lieu.

La loi de 1883, dit ce système, n'a modifié le Code civil que sur un point. Au principe de la responsabilité *solidaire,* édicté dans l'ancien article 1734, elle a substitué le principe de la responsabilité *proportionnelle.* Elle n'a nullement touché à l'article 1733 ; en conséquence, le principe et le *quantum* de la responsabilité restent intacts ; ce qui est modifié c'est son mode de répartition.

« Tandis que les discussions s'engagent entre locataire, sur le terrain de l'art. 1734, le propriétaire n'a qu'à se croiser les bras et à attendre qu'on lui désigne celui ou ceux auquel il devra s'adresser pour recevoir son paiement » (1).

Ce système dérive directement de la vieille présomption de faute ; il nous paraît inacceptable, comme contraire à l'esprit évident du législateur.

Ce dernier avait le choix entre trois systèmes :

1° Les locataires qui n'ont pu s'exonérer par la preuve exigée dans l'art. 1733 ; seront tenus solidairement du tout.

2° Ils seront tenus proportionnellement du tout ; ce qui ne peut être qu'en vertu d'une présomption de faute.

3° Ils seront tenus dans la limite de leur obligation de conserver et de rendre l'appartement qu'ils ont loué.

---

(1) Richard et Maucorps, n⁰ˢ 549 et s. Voir encore Charmont, *Rev. crit, Examen doct* , 91. p 85 : « La loi de 83 a eu pour but et pour effet de supprimer la solidarité et d'établir seulement à la charge de chaque locataire une responsabilité proportionnelle à la valeur locative de son appartement.., »

La loi a évidemment rejeté le premier système, puisqu'elle n'avait d'autre but que son abrogation.

Il n'est pas douteux qu'elle ait également rejeté le second. Nous l'allons montrer.

La Chambre des députés avait d'abord, en 1881, adopté ce second système dans les termes suivants : « auquel cas, ceux-là n'en sont pas tenus, *et les autres répondent du tout*, comme il est dit ci-dessus, c'est-à-dire en conformité de l'alinéa 1... »

Mais le Sénat *repoussa cette manière de voir*. Le rapport de M. Batbie est formel : « S'il est juste que la responsabilité en cas d'incendie soit limitée à une part corrélative à la valeur locative, pourquoi cette part serait-elle augmentée par l'exonération d'un ou de plusieurs locataires ? Ce serait rentrer dans l'obligation *in solidum* après l'avoir condamnée et y avoir substitué l'obligation *pro rata parte; sans doute la part de celui qui a fait la preuve qu'il n'est pas en faute sera supportée par le propriétaire*, mais l'objection ne doit pas nous arrêter, car il est naturel que la perte tombe sur le propriétaire en vertu de la règle *res perit domino*...» (1).

Le projet fut voté par le Sénat conformément aux conclusions de ce rapport : « L'art. 1734 du Code civil est modifié ainsi qu'il suit :

« Si une maison est habitée par plusieurs locataires, tous sont responsables de l'incendie, ainsi

---

(1) *Journ. offic.*, Doc. parlem., Sénat, mai 1882, p. 245.

que le bailleur, si celui-ci y habite également, et chacun en proportion de la valeur de la partie qu'ils occupent ; à moins qu'ils ne prouvent que l'incendie a commencé dans l'habitation de l'un d'eux, auquel cas celui-là seul est tenu ; ou que quelques-uns ne prouvent que l'incendie n'a pu commencer chez eux, auquel cas ceux-là n'en sont pas tenus. »

A la seconde délibération, M. Batbie proposa au nom de la commission, la suppression des mots : « ainsi que le bailleur si celui-ci y habite également » ; mais il fut bien entendu que cette suppression n'avait pas pour but de modifier le sens du premier vote. « La nouvelle rédaction proposée par la commission, n'a pas pour objet de rien changer au fond, et notre pensée est bien celle qui a été adoptée par le Sénat dans la première délibération... » (1).

Revenu à la Chambre des députés, le nouvel art. 1734 fut voté sans aucune modification au texte du Sénat.

M. Durand, après avoir reconnu que la théorie du Sénat était en effet conforme aux principes, s'y ralliait en les termes que voici : « Votre commission aurait sans doute incliné à persister dans sa première résolution, *si elle n'avait cru devoir subordonner ses préférences à l'intérêt de la réforme qui est en jeu.* »

_____

(1) M. Batbie, séance du 22 juillet 1882, *Journ. off.*, Sénat, Débats parl., p. 868.

N'avions nous pas raison de dire que le législateur avait répudié l'ancien système de la présomption de faute, et aussi celui de la responsabilité proportionnelle pour le tout ? Et n'est-il pas évident qu'il a consacré le système qui fait dériver la responsabilité du locataire, directement de son obligation de restituer ? Ce dernier n'est donc tenu que jusqu'à concurrence de cette obligation, c'est-à-dire jusqu'à concurrence du prix de l'appartement. Et si quelques-uns des co-locataires font la preuve que le feu n'a pas pris chez eux, c'est le propriétaire qui doit garder à sa charge la portion d'indemnité proportionnelle à la valeur des appartements par eux occupés (1).

La jurisprudence est en sens contraire. Elle fait retomber sur les autres locataires les conséquences de l'irresponsabilité de ceux qui réussissent à faire la preuve exigée en l'art. 1733 (2). On peut toutefois citer, dans notre sens, un jugement du tribunal de Pau, en date du 15 juillet 1891 (3), d'ailleurs cassé par la Cour de Cassation ; et deux autres du Tribunal de Bourges, en

---

(1) En ce sens : Vavasseur, *Journ. des Ass.*, 1883, p. 161 ; — Descos de Colombier, la *Semaine*, 8 avril 1883 ; — Lassaigne, *Manuel des Assureurs*, 1884, p, 149 ; — Guillouard, *Traité du louage*, n° 277 ; — Bourcart, *Respons. des locataires en cas d'incendie*, p. 33 ; — Labbé, notes au Sirey, 85, 2, 1 ; 85, 2, 73 ; — Sauzet, *Rev. crit.* 1885, p. 166 ; — Charmont, *Rev. crit.*, 1891, p. 85 ; — Huber, *Respons. contract. en matière d'incendie*, p. 33.

(2) Cass. civ., 4 juin 1889, S. 89, 1. 477 ; D. 90, 1, 351 ; — Cass. civ., 9 mai 92, S. 92, 1, 240 ; — Orléans, 10 mai 90, S. 91, 2, 230.

(3) S. 91, 2, 216.

date du 17 mars 1867 (1) et du 30 novembre 1887, ce dernier également cassé (2).

* *
*

Un autre cas peut se présenter, celui où il est prouvé que le feu a commencé chez l'un des locataires. Si le propriétaire réussit à prouver que le sinistre est du à une faute dudit locataire, aucune difficulté n'est possible Ce dernier doit réparer tout le préjudice causé.

Mais ce sera le cas le moins fréquent. Le plus souvent, aucune faute ne pourra être relevée à la charge du locataire.

Quel sera en ce cas l'étendue de sa responsabilité ?

Notre réponse ne peut être douteuse. Sa responsabilité a sa mesure dans son obligation de restituer ; elle ne peut aller au-delà.

Cette solution, que nous puisons dans les principes que nous avons adoptés en matière de responsabilité contractuelle, est encore confirmée, comme nous l'avons vu, par les travaux préparatoires de la loi de 1883. Le rapport de M. Batbie était aussi explicite que possible en ce sens.

Aussi, comprend-on l'étonnement dont parle M. Planiol (3), lorsqu'on vit ce même M. Batbie,

---

(1) *La loi*, 15 avril 1887.

(2) S. 89, 1, 477, sous Cass. civ., 4 juin 89

(3) Planiol, *Rev crit.*, 1880, p. 287, exam. doctr.

peu de temps après la promulgation de cette loi, soutenir qu'au cas où un seul locataire est responsable, il est encore tenu pour le tout, comme avant la modification de l'art. 1734 (1).

« Le feu, disait l'honorable professeur, a pris chez un locataire ; il est *présumé en faute* ; cette présomption est même une preuve s'il ne démontre pas la force majeure ; *mais c'est le cas de l'article 1382* ; il doit réparer le préjudice qu'il a causé par sa faute ; s'il prouve la force majeure il ne doit rien ; mais, s'il ne la prouve pas, il doit tout. »

Nous avons sous les yeux un exemple de plus des inconvénients de la trop fameuse expression « présomption de faute ». Il n'y a ici, nous l'avons démontré et nous ne saurions trop le répéter, aucune présomption de faute. Et l'art. 1382, que M. Batbie introduit par une porte dérobée dans la discussion, n'a rien à y voir.

Autre argument : « Comme il n'y a qu'un débiteur, il ne peut s'agir de solidarité, et il faut écarter la loi nouvelle qui n'a été faite que pour supprimer la solidarité » (2).

Nous ne saurions mieux répondre à ce « singulier sophisme », qu'en citant M. Marc Sauzet : « Comment concevoir que la nature d'une dette se transforme par la libération des co-débiteurs ? L'obligation *in solidum* par effet de la solitude, qu'on veut introduire en notre hypothèse, me

(1) Batbie, de la loi du 5 janvier 1883, *Rev. crit.*, 1884, p. 736.
(2) Batbie, *Ibid.*, p. 739 et 745.

paraît de tous points une nouveauté juridique, assurément ingénieuse, mais qui « heurte trop notre siècle et les communs usages ». Depuis la loi de 1883 les locataires ne sont plus débiteurs conjoints ; ils doivent, en vertu de leur contrat, restituer ce qu'ils ont reçu, l'appartement qu'ils occupent. Voilà leur responsabilité » (1).

Enfin, le système que nous combattons, tire argument des termes de l'alinéa 2 du nouvel article 1734, qui se termine par ces mots : « .... *Auquel cas celui-là seul* EN *est tenu.* »

« EN est tenu » dit-on. Tenu de quoi ? De l'incendie, c'est-à-dire de toutes ses conséquences.

C'est tirer d'un tout petit mot une bien grosse conclusion. L'alinéa 2 de l'art. 1734 dit bien que le locataire, dans le cas qu'il prévoit, est *seul* tenu de l'incendie. Mais il ne dit pas en quelle proportion — l'unique point intéressant à notre égard.

Faisons observer, d'autre part, que le pronom *en* dont on argumente, n'existait pas dans la rédaction primitive, et qu'il n'a été ajouté que pour simple raison de style, et nullement dans l'intention de modifier la loi ; le rapporteur au Sénat l'a dit explicitement (2).

La théorie de M. Batbie n'a recueilli que peu de suffrages dans la doctrine qui, dans

(1) Sauzet, *De la respons. des locat.*, *Rev. crit*, 1885, n° 27, p 493.
(2) Séance du 23 juillet 82, *Journ. off.* du 24 juillet, *Déb. parl.*, p. 868.

sa très grande majorité, se prononce en notre sens (1).

Elle a triomphé, au contraire, dans la jurisprudence (2). La Cour de Cassation l'a consacrée dans toutes les espèces qui lui ont été soumises.

Citons notamment un arrêt de la Chambre des Requêtes en date du 5 avril 1887, lequel statue... « que le locataire chez qui le feu a pris, seul responsable de l'incendie, s'il ne parvient pas à écarter la *présomption légale de faute* qui pèse sur lui, est donc tenu de la totalité du préjudice ; que c'est ainsi que sous l'empire du Code civil, le § 2, a toujours été entendu ; que vainement pour en modifier la signification, la demanderesse invoque les travaux préparatoires de la loi du 5 janvier 1883 ; qu'il résulte des travaux préparatoires que les modifications que le législateur a voulu introduire dans l'ancien art. 1734 ont porté exclusivement sur les § 1 et 3 de cet article ; qu'il a même été spécifié par le rapport du Sénat, qu'au cas prévu par le § 2, le locataire devait, comme

---

(1) Dans le sens de M. Balbie : Pascaud, *De la respons. du co-locat...* » *Revue prat.*, 1884, p. 417 ; — Pépin Lehalleur, *Note sur l'interprétat. du nouvel art. 1734 du Code civil* ; — Contra : Labbé, notes, S. 85,2, p. 6, 74, 75 ; — Sauzet, *Rev. crit.*, 1885. p. 186 ; — Bourcart, *Loc cit.*, p 45 ; Planiol, *Rev. crit.*, 1886, p. 626, 1888, p. 286 ; de Varennes, *l'Assurance*, avril 1884.

(2) Cass. Req., 5 avril 1887, S. 87, 1, 125 ; D. 87, 1, 331 ; — Cass , civ., 4 juin 1889 (1er arrêt), S 89, 1, 477 ; D. 90, 1, 351 ; — Cass., 9 mai 1892, S. 92. 1, 240 ; — Orléans, 10 mai 1890 D. 91, 2, 230 ; — Trib. civ de la Seine, 6 juillet 1893, *Journ. des Assur.*, 1894, p. 81 ; — Trib. civ. de la Seine, 1er août 1893, *Rec. des Assur.*, 1894, p. 39 ; — etc...

par le passé, être tenu de la totalité de l'incendie... » (1).

La jurisprudence, restant sourde à la voix de la
doctrine, consacre donc purement et simplement
la théorie de la présomption de faute.

Nous ne pouvons que regretter ce nouvel échec
de la théorie des deux responsabilités qui cepen-
dant, de l'avis de M. Charmont « pouvait être
féconde en conséquences pratiques, donner une
satisfaction immédiate et au moins provisoire à
des besoins nouveaux, et rajeunir certaines parties
de notre droit » (2).

*
* *

La matière de la responsabilité du locataire, au
cas d'incendie, présente d'autres difficultés dans le
détail desquelles nous ne pouvons entrer, car il y
faudrait un traité spécial ; notre principe d'ailleurs, les résoudra facilement.

Par exemple, les auteurs discutent sur l'étendue
de la responsabilité incombant au locataire,
lorsque le propriétaire occupe une partie de
l'immeuble.

Mais tout d'abord, les articles 1733 et 1734 sont-
ils applicables en pareil cas ? Duranton prétend
que non (3).

---

(1) S. 87, 1, 125 ; D. 87, 1, 331.
(2) Charmont, *Rev. crit.*, 1891, p. 85.
(3) Duranton, t. 27, n° 109 ; — De Lalande et Couturier, n° 709.

Un autre système prétend que si ; mais avec
cette restriction que le propriétaire ne peut atta-
quer les locataires que déduction faite de la partie
de l'immeuble qu'il occupe ; il est en effet pour
cette partie un co-débiteur solidaire, en la personne
duquel s'opère la confusion (1).

Dans un troisième sens, la jurisprudence
répond : les articles dont il s'agit peuvent être
invoqués par le propriétaire, à condition qu'il
démontre préalablement que l'incendie n'a pas pris
dans la portion de l'immeuble qu'il habite (2).

Tous ces systèmes dérivent plus ou moins directement de l'idée de présomption de faute. Nous
les rejetons, au nom du caractère contractuel de la
responsabilité du locataire. Et voici la solution à
laquelle nous mènent les principes :

Chaque locataire devant restituer, aux termes de
son bail, ni plus ni moins que son appartement,
est tenu dans la limite de cet appartement. Le
bailleur n'a aucun recours pour la valeur de
la partie de l'immeuble qu'il occupait ; à moins bien
entendu qu'une faute ne soit prouvée contre un
des occupants.

On n'est pas d'accord non plus sur la responsabilité qui incombe en cas d'incendie au sous-
locataire.

---

(1) Rodière, *Solidarité et indivisibilité*, n° 204 ; — Lyon, 17 janvier 1834, D 34, 2, 150.

(2) Troplong, *Louage*, t. 2, n° 380 ; — Aubry et Rau, t. 4, § 367,
note 27 ; — Voir en ce sens notamment Cass. 20 nov. 1855, D. 55,
1, 237 ; — Grenoble. 20 août 1866, D. 66, 5, 288.

Selon la jurisprudence, le propriétaire puise dans le contrat de bail et dans le fait de l'occupation, le droit de poursuivre directement le sous-locataire, pour faire valoir contre lui la présomption de faute de l'article 1733 (1).

Cette manière de voir est une conséquence de la façon dont les tribunaux entendent le lien juridique qui existe entre le propriétaire et le sous-locataire. Faisant en effet argument de l'article 1753, elle prétend que le propriétaire a contre le locataire une action directe (2).

Cette thèse est en parfaite harmonie avec l'idée de présomption de faute que nous avons combattue, car elle fonde la responsabilité au cas d'incendie sur le fait de l'habitation.

Elle ne nous satisfait pas, quoiqu'il faille bien convenir que de puissantes considérations de simplicité et d'utilité pratique militent en sa faveur.

Pour être tenu envers une personne, il faut avoir contracté avec elle. Le sous-locataire n'a

---

(1) Voir notamment Cass. civ., 13 janvier 1892, D. 92, 1, 509 ; — Paris, 12 février 51, D. 51, 2, 71 ; — Paris, 18 juin 51, D. 52, 2, 277 ; — Paris, 16 août 72, S 72, 2, 196 ; — Amiens, 4 avril 63, S. 83, 2, 178 ; — Bordeaux, 12 juillet 93, *Journ. Ass.* 94, 164.

(2) Cass., 24 janvier 1853, D. 53, 1, 124 ; — Cass., 8 nov. 1882, D. 83, 1, 305 ; — En ce sens : Marcadé sur l'art. 1753, n° 1 ; — Larombière, *Oblig.* art. 1148, n° 12 ; — Aubry et Rau, t. 4, § 368 et note 20 ; — *Contra :* Laurent, t. 25, n° 200 ; — Baudry-Lacantinerie, *Précis de droit civ.*, t. 3, p. 694 : l'art. 1753 statue uniquement sur l'étendue du privilège du bailleur écrit dans l'art. 2102, 1° ; — Labbé, *Rev crit.* 1876, 571, 666 ; note au Sirey, 76, 2, 329 : « La créance résultant de la sous-location est affectée par privilège à la sûreté du bailleur principal. »

jamais contracté avec le propriétaire : il ne lui doit rien. Il est obligé simplement à restituer l'appartement au locataire principal, lequel reste tenu envers le propriétaire, comme par le passé.

Si le sous-locataire veut échapper à l'obligation d'indemniser le locataire principal, au cas de perte ou détérioration de l'appartement, il doit faire contre ce locataire principal la preuve du cas fortuit.

Même nécessité incombe au locataire principal, s'il veut échapper à sa responsabilité envers le propriétaire.

Contrairement à ce que nous venons de dire, l'action directe nous semblerait devoir être admise dans les rapports du propriétaire avec le cessionnaire du bail.

En effet, en ce cas, le tiers cessionnaire devient débiteur du propriétaire. Il doit lui restituer les lieux loués et sera tenu directement envers lui au cas d'incendie.

Dans le même esprit, nous déciderions que le locataire de meubles, doit, conformément aux règles régissant la dette de corps certain, faire au cas d'incendie, la preuve du cas fortuit, faute de quoi il serait responsable.

Enfin nous étendrions la règle de l'article 1733, application du droit commun, à tous les débiteurs de corps certain. Tenus de restituer, ils doivent prouver que la perte de la chose ne leur est pas imputable. Tel serait le cas de l'usufruitier, de l'ouvrier à façon, du dépositaire, du cheptelier, etc.

Encore une fois, nous ne pouvons envisager dans le détail toutes ces hypothèses. Il suffira que nous ayons marqué dans ses grandes lignes la méthode à suivre.

CHAPITRE VI

Responsabilité du voiturier au cas de transport de personnes

La Cour de Cassation fait dériver la responsabilité du voiturier, au cas de transport de personnes de l'article 1382.

Réfutation de cette jurisprudence : la responsabilité dont s'agit est toujours contractuelle.

Conséquences.

Le Code Civil reste muet sur la responsabilité incombant au voiturier, au cas d'accident survenu à la personne du voyageur.

Ici encore, par conséquent, se pose la question de savoir de quelle règle faire dériver cette responsabilité. Est-ce de l'art. 1382 ou des principes régissant la responsabilité contractuelle?

Il ne peut y avoir pour nous aucun doute, et nous ne ferons que formuler une nouvelle application de la règle générale que nous avons posée, en disant : il y a ici un contrat, celui de transport de personnes ; la responsabilité délictuelle est donc inapplicable ; il faut suppléer au silence du

Code par les principes qu'il a établis en matière de responsabilité née d'un contrat ; et raisonner, si possible, par analogie de ce qui se passe dans le contrat le plus voisin de celui qui est douteux.

Or ici, justement, nous avons un contrat voisin, et que la loi a soigneusement règlementé : le contrat de transport de choses. — Les textes sont en effet prolixes sur son compte, puisqu'il en est question, non seulement aux art. 1782 à 1786 du Code Civil, mais encore aux art. 96 à 108, 273 à 310 du Code de Commerce.

Article 1784, C. Civ. — Les voituriers « *sont responsables de la perte et des avaries des choses qui leur sont confiées, à moins qu'ils ne prouvent qu'elles ont été perdues et avariées par cas fortuit ou force majeure.* »

Art. 103, C. Com. — « *Le voiturier est garant de la perte des objets à transporter, hors les cas de la force majeure.*

Il est garant des avaries autres que celles qui proviennent du vice propre de la chose ou de la force majeure.

De ces deux articles, il ressort que le voiturier est responsable, à moins qu'il ne prouve le cas fortuit. Cette solution est de tous points conforme à la théorie de la responsabilité contractuelle. Elle n'en est qu'une application absolument correcte ; partant, l'importance de ces dispositions est peu considérable ; leur utilité même est contestable.

Telle était bien l'idée du législateur. Nous voyons les travaux préparatoires déclarer que les *principes généraux* suffiraient à résoudre les difficultés en matière de transport (1) ; et nous constatons que les deux articles cités plus haut ne furent l'objet d'aucune discussion (1).

Dans ces conditions, il est permis de s'étonner, lorsqu'on voit la Cour de Cassation tirer du texte desdits articles, un argument *a contrario* que voici : « La loi s'occupe spécialement du contrat de transport de choses ; elle reste muette sur le contrat de transport de personnes : c'est donc que ce dernier est régi par d'autres règles. »

D'ailleurs, ajoute la Cour Suprême, cette différence de solutions s'explique fort bien par ce fait que l'on ne peut pas dire du voyageur que ce soit un corps certain.

Le corps certain est inerte ; il n'est pas doué d'initiative ; il est incapable de commettre des imprudences. Tandis que le voyageur, au contraire, peut fort bien être la cause de l'accident qui lui est arrivé ; il peut avoir créé lui-même le danger dont il a pâti. Conséquence de cette manière de voir : la responsabilité applicable à la matière est celle de l'art. 1382 : c'est à la victime de faire la preuve d'une faute du voiturier.

Il va sans dire que nous ne pouvons admettre cette jurisprudence.

_____

(1) Locré. t 14, p. 357.
(1) Locré, t. 17, p. 240.

Fidèles à notre méthode, recherchons d'abord quelles obligations le contrat met à la charge du voiturier.

S'agit-il de marchandises ? Tout le monde est d'accord. Il doit les faire parvenir en bon état au destinataire.

S'agit-il d'un voyageur? Il doit le conduire à destination dans un certain délai. Voilà évidemment à quoi il s'oblige.

Eh bien ! peut-on dire qu'il a accompli son obligation de bonne foi, lorsqu'au lieu de mettre le voyageur à destination, il ne livre plus qu'un cadavre? Ou encore, lorsqu'il le livre, vivant encore, à la vérité, mais privé d'un ou de plusieurs de ses membres? Est-ce conduire un voyageur que le conduire en morceaux? Peut-on dire que telle était la commune intention des parties? Peut-on affirmer en un mot que le voiturier ait *rempli son obligation ?*

Évidemment non. Il manque au contraire à l'obligation *positive* qu'il avait contractée : celle de livrer le voyageur à destination. Il est constitué en responsabilité. Et s'il veut y échapper il doit faire la preuve que l'accident est arrivé par cas fortuit.

Voilà la solution où nous mènent les principes. On y fait cette objection : au cas de transport de choses il est juste que le voiturier soit responsable. La chose est passive entre ses mains. L'expéditeur d'autre part ne peut surveiller le transport. Il lui serait le plus souvent impossible de prouver la faute du voiturier. Le voyageur, au contraire est doué de volonté, il peut veiller à sa sécurité ; en cas d'accident il est sur place, et peut recueillir des éléments de preuve.

Nous répondrons facilement à cette objection.

Supposons un voyageur dans une diligence. De qui dépend sa sécurité ? Est-ce de lui-même ou du conducteur ? Quel soin le voyageur peut-il avoir de sa personne ?

A plus forte raison pour les Compagnies de chemins de fer. Le voyageur est passif, prisonnier dans un étroit espace, emporté à une vitesse vertigineuse, tout à la merci d'une faute du mécanicien, d'un aiguilleur, d'un chef de gare, en un mot d'un agent de la Compagnie. S'il juge que le mécanicien commet une imprudence, que par exemple le train, dans une courbe, va à une allure exagérée, peut-il intervenir pour faire réduire la vitesse ? En aucune façon. S'il se mettait en tête de tirer la sonnette d'alarme il en serait quitte pour un bel et bon procès. Peut-il en cas d'accident recueillir des éléments de preuve ? Pas d'avantage ! Le moyen pour lui de savoir ce qui se passe sur la locomotive où il n'a pas le droit de monter, dans les gares qu'il franchit à toute vapeur ?

Il ne faut pas se payer de mots. La situation du voyageur dans sa geôle ambulante est celle d'une marchandise pure et simple, ou pour être plus exact d'une tête de bétail. Or. le bétail n'est-il pas considéré comme une marchandise ?

Le voyageur ne peut veiller à sa sécurité. Il faut

bien que quelqu'un y veille à sa place. Ce quelqu'un c'est le voiturier qui a promis de le transporter d'un lieu à un autre et de le rendre à destination.

Aussi adhérons-nous pleinement à la formule de M. Chauveau, lorsqu'il dit que l'on pourrait ainsi motiver les arrêts à intervenir sur la question.

« Attendu que, dans le contrat de transport, le voiturier a l'obligation de conduire le voyageur du point de départ au point d'arrivée ;

« Attendu que cette obligation n'a pas été exécutée,

« Attendu que le voiturier doit, aux termes de l'art. 1147 réparer le dommage causé par l'inexécution... etc.

Cette théorie, soutenue pour la première fois avec beaucoup de force par M. Sainctelette, a recueilli la plus grande partie des suffrages de la doctrine (1).

La jurisprudence de la Cour de Cassation y est resté rebelle, ainsi que celle d'un certain nombre de tribunaux (2).

D'autres, au contraire, l'ont admise et consa-

---

(1) Voir notamment : Sarrut, *Rev. crit.*, p. 138, *Bibliographie* ; Marc Sauzet, *Rev. crit.*, examen doct., 1886, p. 435 ; — Lyon Caen, *id.*, 1886, p 358 ; — *Journ. du Palais*, 1885, p. 279 ; — Chauveau, note sous Trib. comm. de la Seine. 8 août 91, *Pandectes franç.*, 92, 2, 128 ; — Bédarrides, Transport par chemin de fer, t. 2, nᵒˢ 439 et suiv.

(2) Cass., 10 novemb. 1884, D. 85, 1, 433 ; — Poitiers, 6 février 1888, *Gaz. Pal*, 1888, 1, 345.

crée. Un jugement du Tribunal de commerce de la Seine, en date du 8 août 1891, dit notamment :

« Le principe des art. 1784 du Code Civil et 103 du Code de Commerce concernant le transport des marchandises s'applique, à plus forte raison, au transport des personnes, dont la sécurité en cours de voyage doit être l'objet de la part des voituriers d'une sollicitude particulière.

Par suite, lorsqu'un voyageur a été victime d'un accident, le voiturier est responsable, s'il ne justifie pas d'un cas fortuit, ou d'une force majeure » (1).

Il a été jugé en ce même esprit, dans deux espèces, par le Tribunal civil de la Seine que la survenance d'un accident au cours du transport d'une personne, constituant une inexécution du contrat, rend le transporteur passible de dommages et intérêts conformément à l'art. 1147.

On peut dire, d'une façon générale que la jurisprudence penche de plus en plus vers cette manière de voir, et que son évolution se produira plus ou moins rapidement en ce sens.

----

(1) *Pandect. franç.*, 92, 2, 128 ; — En ce même sens, Aix, 12 décembre 1887, *Gaz. Pal*, 88, 1, 345 ; — Trib comm. Seine, 17 avril 85, note sous D. 85, 1, 433 ; 7 mars 88, *Gaz Pal*, 88, 1, 488 ; — Paris, 27 nov. 66, D. 85, 1, 433, en note.

CHAPITRE VII

Responsabilité des incapables

La théorie traditionnelle : l'incapable ne peut encourir de respon-
    sabilité contractuelle; mais il répond de ses délits.
Cette théorie est reprise et développée par les modernes partisans
    de la dualité.
Elle est combattue par les partisans de l'unité : système de
    M. Deschamps.
Système proposé.
Jurisprudence.

La distinction entre les deux responsabilités a
toujours eu en cette matière une importance considérable. On déclarait que l'incapable, ne pouvant
s'engager par contrat, ne pouvait encourir aucune
responsabilité qui eût sa source dans un contrat.

Au contraire, on considérait qu'il pouvait valablement engager sa responsabilité par ses délits,
ainsi que le dit expressément l'art. 1310 du Code
Civil.

« *Il* (le mineur) *n'est point restituable contre les
obligations résultant de son délit ou de son quasi
délit.* »

Cette manière de voir, fut évidemment. reprise et accentuée par les partisans de la dualité de la responsabilité. Ils la justifient ainsi : il n'y a pas d'injustice à déclarer l'irresponsabilité contractuelle de l'incapable. Celui qui a traité avec lui a été imprudent. Il pouvait facilement connaître l'incapacité de son co-contractant. Il n'en est pas de même de la victime d'un délit commis par l'incapable, laquelle n'a aucune part à la naissance de la responsabilité, et subit un préjudice dont il est juste de la dédommager.

Cet argument n'est, en somme, qu'une application à l'espèce, de ce que nous avons dit plus haut d'une façon générale : le débiteur contractuel est débiteur volontaire ; le débiteur délictuel, involontaire.

Toutefois, cette théorie suggère à M. Labbé quelques scrupules : « Nous ne savons, dit-il, si la conscience publique approuve toutes ces solutions et si la loi ainsi entendue ne renferme pas une contradiction... » La contradiction apparait à propos de « l'incapacité » de la femme dotale ; «... stipuler le régime dotal avec constitution de biens en dot équivaut à convenir que la femme ne répondra pas, sur ses biens dotaux, des fraudes qu'elle commettrait en contractant. Une convention implicite doit-elle être déclarée valable là où une convention expresse serait nulle ? » (1).

_____

(1) _Rev. crit._, Ex-doct. 1886, p. 442.

On verra plus loin comment nous donnons satisfaction à cette objection.

Constatons seulement en passant, l'incertitude, en notre matière, de la doctrine des auteurs qui admettent la double responsabilité. Et puisque nous parlions de M. Labbé, ne le voyons-nous pas, dans une note parue au Sirey en 1882 (1), distinguer entre le dol et la faute? L'incapable est responsable de son dol contractuel ; il ne l'est pas de sa faute? Puis, ce même auteur, dans une nouvelle note parue au Sirey en 1886 (2), ne condamne-t-il pas la distinction qu'il a professée, et ne réunit-il pas le dol et la faute dans une commune irresponsabilité ?

D'autres auteurs (3) admettent la responsabilité de l'incapable au cas de dol ou de délit pénal. Mais tous ces systèmes, ingénieux, péchent par le manque de justification suffisante ; ils n'ont pas leur fondement dans les textes ; et il nous paraîtrait téméraire d'affirmer qu'ils expriment l'intention probable du législateur.

Si nous consultons maintenant les partisans de l'Unité de la responsabilité, nous les voyons soutenir, ici comme ailleurs, que la distinction entre les deux responsabilités manque de tout intérêt.

(1) S. 82, 2, 249.
(2) S. 86, 1, 1.
(3) Larombière, *Oblig.*, art. 1310.

M. Deschamps a exposé cette théorie dans un intéressant article de la *Revue critique* (1).

« La détermination de la responsabilité des incapables, y est-il dit, a été cherchée à tort dans la distinction de la faute délictuelle et de la faute contractuelle : c'est dans une toute autre distinction qu'on la rencontrera, dans la distinction de la faute active et de la faute négative ».

M. Deschamps affirme ensuite que « la faute et le dol actifs sont possibles entre co-contractants comme entre étrangers », tandis que « la faute et le dol négatifs ne sauraient au contraire se rencontrer qu'entre co-contractants », parce qu'on n'est légalement tenu d'agir pour autrui que si l'on s'y est engagé par convention.

C'est là, selon nous, une erreur. Nous avons démontré qu'il y a des obligations légales actives.

M. Deschamps envisage ensuite séparément, l'hypothèse où l'incapable a ou n'a pas valablement contracté.

1° *L'incapable n'a-t-il pas valablement contracté ?* — En ce qui concerne le dol et la faute *actifs*, « ils ne prennent rien du contrat et n'ont pas besoin de lui pour être une source suffisante d'obligations ». En effet, ils engagent *toujours* la responsabilité délictuelle, qu'ils se produisent en dehors ou à l'occasion d'un contrat. Qu'importe alors que le contrat soit annulé ? « L'obligation

_____

(1) *Rev. crit. Le dol et la faute des incapables dans les contrats*, 1890, p. 271.

contractuelle anéantie, l'obligation délictuelle de réparer subsiste intacte. L'une et l'autre n'avaient pas la même source; or une seule de ces sources est détruite ».

En ce qui concerne la faute et le dol négatifs, « la faute négative n'est que l'inexécution d'obligations contractuelles »; or l'incapable n'ayant pu s'obliger, il ne peut être question d'inexécution de son obligation, partant de sa responsabilité. Quant au dol, M. Deschamps hésite. « La morale, dit-il, conseille la répression du dol sous toutes ses formes ». Mais cette considération ne peut prévaloir contre cet argument : l'incapable ne peut s'obliger ; il n'est pas tenu, et l'on a le droit de s'abstenir, même méchamment, de ce qu'on n'est pas tenu de faire.

2° *L'incapable a-t-il valablement contracté ?* — Il est, selon M. Deschamps, responsable de *tout* dol et de *toute* faute.

En ce qui concerne le dol et la faute actifs, cela est évident, puisqu'il en répond alors même qu'il n'a pas valablement contracté.

En ce qui concerne le dol et la faute passifs, l'obligation née du contrat étant valable, la responsabilité qui découle de son inexécution l'est aussi.

Ce système, fort intéressant, — à notre avis, n'a qu'un tort : reposer sur un certain nombre d'affirmations non démontrées, corollaires de la théorie de l'unité de la responsabilité, et comme telles, supposées vraies — mais que nous avons précédemment combattues comme inexactes.

Voici le système que nous proposerions :

Lorsque l'incapable contracte, alors qu'il n'a pas la capacité exigée, aucune obligation ne naît à sa charge. Il ne peut être question de sa responsabilité contractuelle, puisque, par rapport à lui, le contrat ne fait naître aucune obligation.

Mais, *précisément parce qu'il n'y a pas contrat,* la responsabilité délictuelle devient possible, à la condition qu'il y ait *faute* au sens de l'art. 1382, c'est-à-dire autre que la violation d'une obligation née d'un contrat. Par exemple, le fait pour une femme, de pratiquer des manœuvres dolosives, destinées à faire croire à sa capacité, constitue une faute qui la rend délictuellement responsable.

Nous arrivons ainsi par une autre voie, à peu près à la doctrine empiriquement sanctionnée par la doctrine et la jurisprudence. Nous lui donnons une base rationnelle. Nous sommes d'accord avec les textes et particulièrement avec l'article 1307, lequel dispose que « la SIMPLE *déclaration de majorité, faite par le mineur ne fait pas obstacle à sa restitution.* » La simple déclaration de majorité ne constitue pas un délit. La loi le dit parce que des doutes pouvaient s'élever à ce sujet. Mais la déclaration accompagnée de manœuvres destinées à faire croire à la majorité, constitue un délit au sens de l'article 1382.

C'est surtout à propos de la femme dotale, considérée comme incapable, que la jurisprudence a eu le plus souvent à trancher la question qui nous occupe.

On sait en effet que la jurisprudence rattache l'inaliénabilité de la dot à une incapacité de la femme (1), en quoi elle est d'accord avec un grand nombre d'auteurs (2).

Une espèce citée par M. Deschamps va nous montrer l'application pure et simple de la théorie que nous préconisons.

En octobre 1881 un sieur Cuvier vendit à Mme de Bauffremont, femme dotale, un certain nombre de têtes de bétail qu'il livra immédiatement, moyennant un prix à fixer par dire d'expert. Mme de Baùffremont empêcha par ses manœuvres que ce prix pût être fixé. D'autre part elle se refusa à rendre les bestiaux.

Le tribunal de Tours par jugement en date du 17 avril 1883 la condamna à des dommages-intérêts. Sur appel, la Cour d'Orléans, confirma ce jugement par arrêt en date du 3 mars 1884 (3). Les considérants portent que la vente, n'ayant pu être parfaite, faute de fixation de prix, on se trouve en présence d'une faute commise en dehors d'un contrat, entraînant par conséquent la responsabibilité de l'incapable.

(1) Voir notamment Cass. (Ch. réunies) 7 juin 1864, s 64, 1, 201 ; — Bordeaux, 23 mars 65, s. 65, 2, 234.

(2) Labbé, *Rev. crit.* 1856. p. 5 et 9 ; — Colmet de Santerre. t 6, n° 226 *bis*, II ; — Gide, *De la condition privée de la femme*, l. 4, chap. 8.

(3) S. 86, 1, 1.

Nous adhérons pleinement à cette manière de voir. M. Labbé dans une note au Sirey (1), la critique sous ce prétexte que s'il n'y a pas eu vente, il y a eu dépôt. L'objection selon nous, ne porte pas. Il n'y a pas eu dépôt. En effet, Cuvier a bien entendu faire une vente, et rien autre ; et si Mme de Bauffremont avait fait cette restriction mentale qu'elle entendait accepter le bétail à titre de dépôt, un tel contrat serait nul comme impesté d'une erreur sur sa nature (2).

_____

(1) Voir encore Caen, 19 et 20 juillet 1866, S. 67, 261 ; — Bordeaux, 17 juin 74, S. 75, 2, 132.

(2) Cass., 10 juin 85, S. 85, 1, 345 ; — Lyon, 3 février 83, *Journ. Pal.*, 85, 1, 826 ; — Limoges, 5 décemb. 83, *Journ. Pal.*, 85, 1, 585.

CHAPITRE VIII

De la validité des clauses d'irresponsabilité

§ I

Peut-on, par contrat, s'exonérer à l'avance de la responsabilité qui pourra naître de l'accomplissement d'un délit ou de l'inexécution d'une obligation ?

Sur ce point encore nous allons trouver en opposition les deux écoles dont nous nous sommes occupés.

D'une part, en effet, les partisans de l'unité de
la responsabilité prétendent qu'il est sans intérêt
de distinguer selon que la responsabilité, dont
on voudrait s'affranchir, sera délictuelle ou
contractuelle.

D'autre part, au contraire, les partisans de la
dualité professent que là, comme partout, la distinction qu'ils proposent a une influence décisive.

Il ressort des textes romains, qu'en droit classique, on pouvait valablement stipuler l'irresponsabilité de sa faute, aussi bien délictuelle que
contractuelle.

M. Labbé (1) fait remarquer très justement
qu'il ne faut pas prendre à la lettre certains textes
qui paraissent défendre tout contrat ayant pour
but de modifier une obligation légale. « *Contra
juris civilis regulas, pacta conventa rata non
habentur.* » dit notamment Gaïus (2). Ces dispositions ont pour but de montrer qu'il y a une limite
à la liberté des conventions. S'il fallait les entendre
au sens littéral, elles seraient contredite par ce
texte d'Ulpien qui dispose « *Regula est juris antiqui, omnes licentiam habere, his quæ pro se introducta sunt, renuntiare* » (3).

Nous pouvons donc librement pactiser pour
tout ce qui n'engage que notre intérêt privé. La
renonciation au bénéfice de l'action en responsa-

---

(1) *Annales de Droit comm*, janv. 1887, p. 186.

(2) Loi 28, D., *De pactis*, II, 14.

(3) Loi 29, C., *De pactis*, II, 3.

bilité éventuelle est donc parfaitement licite, dans ces limites.

Toutefois, Ulpien enseigne qu'on ne peut d'avance s'exonérer de son dol. Toutes les conventions sont possibles dit-il « *excepto eo, quod Celsus putat non valere, si convenerit ne dolus præstetur ; hoc enim bonæ fidéi judicio contrarium est : et ita utimur* » (1).

Toutefois cette solution relative au dol n'est pas absolue. « *Si quis paciscitur ne depositi agat, secundum Pomponium valet pactum* » (2). Si l'on remarque que le dépositaire ne répond que de son dol, on peut affirmer à coup sûr, qu'en l'espèce une clause d'exonération de dol est permise. C'est ce que confirme au reste un autre fragment « .... *quamvis si quis paciscatur ne depositi agat, vi ipsa id pactus videatur ne de dolo agat. Quod pactum prodiderit* » (3).

M. Maynz a proposé, de cette bizarrerie apparente, une explication élégante que voici. La stipulation « *depositi ne agatur* » aurait pour effet, non d'exonérer du dol, mais de déplacer le fardeau de la preuve. Le déposant renoncerait à l'action de dépôt, mais garderait le droit d'exercer l'action *de dolo*.

Pour nous, comme nous l'expliquerons tout à l'heure la contradiction n'est qu'apparente. Et la

---

(1) L. 23, Digeste, *De reg. jur.*, L. 17.

(2) L. 7, § 15, D , *De pactis*, II, 14.

(3) L. 27, § 3, D., *De pactis*, II, 14.

solution romaine est en parfaite conformité avec
l'analyse des conditions dans lesquelles le dol
peut se produire, lorsqu'on astipulé 'qu'on n'en
serait pas responsable.

Mais, avant de passer a cette démonstration, il
nous faut indiquer les systèmes proposés de nos
jours par les partisans, soit de l'unité, soit de la
dualité de la responsabilité.

Nous commencerons par ceux des continua-
teurs de M. Lefebvre.

Système de M. Robin (1). — « ... La distinction rationnelle en cette matière est celle.....
entre la responsabilité née du fait, et la responsabilité née de la faute. Nous estimons que, par
convention, on peut toujours s'exonérer de la
première, tandis qu'on ne peut s'affranchir de la
seconde. »

Nous ne pouvons admettre cette manière de
voir, conséquence d'un système que nous avons
repoussé dans son principe.

On peut en effet parfaitement s'exonérer des
conséquences de sa faute. Le contrat d'assurance
n'a pas d'autre but; en décider autrement serait
lui enlever toute son utilité.

A cet argument on fait l'objection suivante : La
convention d'assurance diffère de la convention
d'irresponsabilité. La première, au rebours de la
seconde, suppose la responsabilité, qu'elle ne

_____

(1) Robin, *Thèse sur la Responsab..*,, p. 174.

supprime pas, mais qu'elle met seulement à la charge d'un tiers.

Nous répondons: la convention d'assurance à propos d'une faute contractuelle est possible, même entre les parties à ce contrat. Elle ne diffère plus en ce cas d'une clause d'irresponsabilité.

Et de fait, en pratique, dans la grande majorité des cas, la clause d'irresponsabilité n'a d'autre but que de rendre le créancier son propre assureur. Tel serait le cas où une compagnie de chemin de fer stipule pour le transport d'une marchandise son irresponsabilité. Le créancier bénéficie d'une diminution de prix qui représente exactement le risque de perte de la chose.

Notons, au surplus, que la jurisprudence admet l'exonération des fautes légères, sinon des fautes lourdes, assimilées au dol (1).

Système de M. Grandmoulin (2). — La clause d'irresponsabilité intervient-elle au sujet d'une obligation relative aux biens? Elle est valable. « Mais, s'il s'agit d'obligations relatives non plus aux biens mais aux personnes, il y aura nullité ».

Ce système nous satisfait plus que le précédent. Nous le reprendrons plus loin en le précisant et développant pour le faire nôtre.

----

(1) Cass., 23 mars 1875, S. 75, 1, 251 ; — Paris, 24 août 1850, D. 51, 2, 139 ; — Lyon, 27 février 1882, S. 82, 2, 247 ; — Paris, 16 janvier 83, D. 85, 2, 33.

(2) Grandmoulin, thèse sur *La nature délictuelle de la respons...,* p. 65 et suiv.

Système de M. Sainctelette. — Pour savoir si la clause d'irresponsabilité est valable, il faut s'attacher au caractère délictuel ou contractuel de la responsabilité.

En matière contractuelle la clause d'exonéra·tion des fautes est toujours valable. Ce que la volonté des parties établit, cette même volonté peut le modifier ou le détruire.

En matière délictuelle, au contraire une pareille clause est non recevable. On ne peut s'affranchir d'avance des conséquences de son délit. Le délit n'est autre chose, en effet, que la violation d'une obligation légale. Or, « toute obligation légale est d'ordre public : vouloir en écarter ou limiter la sanction, c'est faire des conventions contraires à la loi, qui ne sont que des violations géminées de la paix publique ; ceux qui les forment ne sont pas des contractants mais des complices ».

Ce système porte la marque d'un parti pris, évident de pousser en ses extrêmes conséquences la théorie des deux responsabilités.

Il a été condamné par les partisans même de cette théorie. Tels sont MM. Lyon-Caen et Labbé.

Nous ne pouvons d'avantage l'admettre.

Il est vrai de dire que toute obligation légale est d'ordre public ; nous avons dit en effet que c'est un minimum imposé à chaque individu, et néces-saire pour maintenir la paix sociale.

L'obligation légale est donc d'ordre public, mais *seulement entre personnes étrangères l'une à l'au-tre, c'est-à-dire non unies par un lien contractuel.*

Qu'un contrat intervienne, et ce qui, dans certains cas, était défendu au nom de l'ordre public, devient permis.

Nous en donnerons en le modifiant un peu un exemple emprunté à M. de Courcy (1).

Il est d'ordre public que mes lapins n'aillent pas brouter sur le pré de mon voisin. Mais, si je conviens avec ledit voisin que mes lapins pourront librement circuler sur ses terres, ce qui m'était défendu devient permis, ce qui était illicite devient licite, – car personne ne s'aviserait de déclarer nulle une pareille convention.

Force nous est donc de repousser le système de M. Sainctelette.

Système de MM. Lyon-Caen et Labbé (2). — La responsabilité est-elle délictuelle ? On peut s'affranchir de celle résultant d'un dommage pécuniaire, sauf le cas de mauvaise foi. Les conventions doivent en effet être exécutées de bonne foi.

On ne peut s'affranchir de celle relative aux atteintes à la personne. L'ordre public et les bonnes mœurs s'y opposent.

La responsabilité est-elle, au contraire, contractuelle ?

On peut s'en exonérer en vertu du principe de la liberté des conventions écrit en l'art. 1137.

---

(1) Cité par M. Labbé, *Annales de Dr. commercial*. janvier 87, p. 187.

(2) Labbé, *loc. cit.* ; — Lyon-Caen, note ou S. 85, 4, 25.

Mais, il est contraire à la règle de bonne foi de s'exonérer de la faute lourde ou du dol.

Cette théorie, très séduisante et équitable, nous paraît inexacte sur un point. C'est lorsqu'elle déclare qu'on ne peut valablement s'affranchir des conséquences de son dol.

Imaginons, en effet, un contrat dans lequel le débiteur ait stipulé qu'il ne sera pas responsable des suites de son dol.

Par exemple, il a été convenu que le dépositaire pourra détériorer l'objet du dépôt, le détruire, ne jamais le rendre.

Nous supposons, bien entendu, qu'une pareille clause est le fruit d'une volonté libre, que n'affecte aucun vice de consentement.

Comment faudra-t-il l'interpréter ? Comme exprimant, le plus souvent, une intention libérale du créancier vis-à-vis du débiteur.

Pourquoi déclarerait-on de nul effet cette manifestation évidente de volonté ?

Notons bien, en tous cas, que l'acte ainsi prévu par les parties ne peut plus être dolosif en aucune façon, par ce fait même qu'en l'accomplissant, le débiteur ne viole nullement la loi du contrat.

Pour reprendre notre exemple, le dépositaire qui, conformément à la permission a lui donnée par le déposant, détériorerait la chose, objet du dépôt, ou refuserait de la restituer, ne pourrait commettre aucun dol. Il ne ferait qu'user d'un droit que lui a concédé le créancier. « *Neminem læedit qui suo jure utitur.* »

Nous sommes, maintenant, en mesure d'éclaircir la contradiction que l'on a cru trouver dans
le texte du Digeste que nous avons cité tout à
l'heure, et que nous allons rappeler :

« *Illud nulla pactione effici potest ne dolus
præstetur ; quamvis si quis paciscatur ne depositi agat, vi ipsa id pactus videatur ne dolo agat.
Quod pactum prodiderit.* » (1).

Sans doute, veut dire ce texte, on ne peut en
principe stipuler qu'on ne sera pas responsable
des conséquences de son dol. On ne le peut parce
qu'une telle clause est suspecte à première vue.
Rarement, elle résultera d'une volonté libre ;
souvent encore elle sera contraire à l'ordre public.

Mais hors ces deux cas, c'est-à-dire lorsqu'elle intéressera uniquement le patrimoine de
celui qui la consent, elle aura effet. Le créancier,
nous le savons, a toute liberté de renoncer à un
droit qui n'intéresse que lui. « *Regula est juris
antiqui, omnes licentiam habere, his quæ pro se
introducta sunt, renuntiare* » (2).

L'effet de la clause, dans ces conditions, sera de
rendre le dol impossible, conformément à l'adage
« *Volenti non fit injuria.* »

Voilà pourquoi, au cas de dépôt, on peut par
convention être exonéré de son dol. C'est parce
qu'une telle convention exprime une intention de
libéralité en faveur du débiteur. C'est parce que

_____

(1) L. 27, § 3, D., *De pactis,* II, 14.
(2) Loi 29, C , *De pactis,* II, 3.

le débiteur ne commet pas un dol, en usant d'un droit qui lui est consenti.

Pour en revenir aux théories modernes, notre avis est qu'il est inutile de chercher ici, coûte que coûte, un intérêt à la distinction des deux responsabilités.

Nous avons vu, que pour avoir voulu être trop logique, au sens abstrait du mot, on avait commis une erreur en matière de preuve.

Pour rester dans le vrai, il faudrait, selon nous, faire intervenir une division plus compréhensive que celle proposée. Il faudrait dégager l'obligation dont on prévoit, pour s'en exonérer, la violation éventuelle, et *distinguer selon que le droit auquel elle correspond est ou n'est pas dans le patrimoine au moment de la conclusion de la clause.*

Si ce droit est dans le patrimoine, tout contrat à son sujet est possible. Ainsi le veut le principe de la liberté des conventions. On pourra donc valablement stipuler son irresponsabilité pour le cas ou l'on violerait ce droit.

Reprenons l'exemple des lapins.

En tant que propriétaire j'ai *droit* à ce que les lapins du voisin ne viennent pas brouter chez moi.

Ce droit est un accessoire du droit de propriété, lequel est *actuellement dans mon patrimoine.* Je puis en disposer comme de tout autre droit touchant au patrimoine. Je pourrai donc y renoncer en tout ou en partie au profit de mon voisin. Et ce dernier pourra stipuler l'irresponsabilité des dégâts commis par ses lapins à ma propriété.

Si, au contraire, le droit lésé n'était pas dans mon patrimoine antérieurement à la lésion, aucune clause d'irresponsabilité ne peut intervenir.

Tel serait le cas où l'on voudrait s'affranchir à l'avance de la responsabilité résultant des atteintes à la personne d'autrui.

Vous ne pouvez stipuler que vous ne me devrez aucune indemnité pour le cas où vous me blesseriez par imprudence.

Le droit à l'intégrité, à la protection de ma personne n'est pas actuellement dans mon patrimoine ; je ne puis donc en disposer.

Cette division, disons nous, est plus compréhensive que celle de la responsabilité délictuelle et contractuelle.

Observons, en effet, que sous notre premier chef rentrent *tous les contrats* et une partie des obligations légales ; — tandis que notre second chef ne comprend *que des obligations légales*.

Ici encore, par conséquent, nous trouvons un moyen terme entre les opinions extrêmes. Notre système nous paraît, de plus, avoir cet avantage, de ne pas faire intervenir des notions aussi fuyantes que celles de dol, ou encore d'ordre public, que les travaux des auteurs les plus considérables n'ont pu éclaircir.

Ajoutons qu'il permet d'expliquer un grand

nombre de décisions judiciaires (1), dans lesquelles il se trouve pour ainsi dire sous-entendu.

§ II

L'application des principes ci-dessus présente quelques particularités intéressantes, au cas d'irresponsabilité stipulée par le voiturier relativement aux dégâts advenus à la chose pendant le transport.

La jurisprudence a eu très souvent à s'occuper de la question. Après quelques hésitations, elle s'est arrêtée à une solution assez généralement critiquée, que nous allons examiner.

Les tribunaux commencèrent par considérer comme nulle et non avenue, la clause de non-responsabilité insérée dans les contrats relatifs aux transports par voie de terre et voie de fer (2).

La responsabilité du voiturier disait-on est plus lourde que celle de tout autre débiteur de corps certain. Cela résulte des art. 1784 du Code civil; 103, 221, 230 du Code de commerce. L'expéditionnaire ne peut surveiller la marchandise en cours

---

(1) Bordeaux, 5 avril 1852, S 52, 2, 422 ; — Cass., 1er juillet 85, *Journ du Pal.*, 85, 1, 1009 ; — Nancy, 26 janvier 84, *id* , 85, 1, 423.

(2) Civ. rej., 26 janvier 1859, D. 59, 1, 66 ; — Req. 29 mai 1866, D. 67, 1, 388 ; — Cév. Cass, 31 mars 1874, D. 74, 1, 303.

de transport. C'est pourquoi la clause d'exonération ne peut avoir d'effet.

Ces arguments sont loin d'être décisifs. Cette jurisprudence n'en dura pas moins jusqu'en 1874.

On ne pouvait citer en sens contraire qu'un arrêt isolé de la Cour de Bordeaux en date du 5 mars 1860 (1). Cet arrêt avait jugé « que la stipulation de non-responsabilité ne pouvait avoir d'autre effet que d'exonérer le transporteur de la présomption résultant des art. 103 du Code de Commerce et 1784 du Code civil, et de mettre la preuve de la faute à la charge de l'expéditeur.

Cette thèse, qui ne paraissait pourtant pas appelée à un grand avenir, fut reprise par un arrêt de Rennes, en date du 28 mai 1873 (2), puis confirmée par la Cour de Cassation qui modifia brusquement en ce sens sa jurisprudence (3).

Quelques Cours d'Appel, quelques tribunaux de Commerce essayèrent de résister. Mais ils durent céder. Si bien qu'aujourd'hui, la jurisprudence constante décide que la clause de non-responsabilité insérée dans un contrat de transport, a pour effet de mettre, contrairement au droit commun, la preuve de la faute du transporteur à la charge du demandeur.

---

(1) D. 60, 2, 176.

(2) D. 76, 5, 84.

(3) Ch. civile, 4 fév. 74, D. 74, 1, 305 ; — Civ., 9 mars, 29 mars, 5 mai 1886, D 90, 1. 209 et la note de M. Sarrut . -- Civ , 23 mars 87, D. 90, 1, 209 ; — Req., 2 juillet 90, D. 92, 1, 356 ; — Civ., 12 juin 94, D. 95, 1, 41.

Cette interprétation se heurte à une objection très forte, contre laquelle rien ne prévaut et qui suffit à ruiner le système.

De deux choses l'une, ou la clause est valable ou elle ne l'est pas.

Si elle est valable, elle ne prête à aucune ambiguïté.

Prenons comme exemple les tarifs spéciaux des Compagnies de chemin de fer ; nous y voyons que les Compagnies ne répondent pas des avaries et des déchets de route. Cela est net ; cela n'est pas susceptible d'être compris de deux façons. Il est impossible en tous cas de faire dire à cette phrase quelque chose ayant trait à une question de preuve. Et le juge ne peut, sous aucun prétexte, modifier, sous couleur d'interprétation, une disposition aussi claire.

Quels arguments donne la jurisprudence pour justifier ses décisions ? Aucun.

Les arrêts rédigés selon un modèle qui ne varie pas, coulés pour ainsi dire dans le même moule, ne donnent aucune raison. Ils procèdent par affirmations. Qu'on en juge :

« Attendu, dit un arrêt que nous prenons au hasard parmi tant d'autres, que si le tarif spécial P. V. n° 33 des transports à petite vitesse des Chemins de fer. porte que la Compagnie ne répond pas des avaries de route, cette clause ne saurait avoir pour effet d'affranchir la dite Compagnie des fautes qui seraient reconnues avoir été commises par elle ou ses agents ; — qu'il en résulte seulement que la preuve de ces fautes reste à ceux qui les invoquent..... »

Les arrêts ne donnent aucune autre explication. Leurs décisions sont pourtant de celles qui auraient le plus besoin d'être fortement motivées. Nous les repoussons comme contraires à la loi.

En premier lieu la jurisprudence va contre le principe de la liberté des conventions. Nous ne voyons aucun motif plausible d'empêcher ici l'irresponsabilité de la compagnie lorsqu'elle est consentie par l'expéditionnaire.

En second lieu, la jurisprudence se contredit elle-même puisqu'elle admet la validité des clauses limitant à une certaine somme la responsabilité de la compagnie (1).

Or, si l'on peut limiter cette responsabilité, on peut la diminuer indéfiniment jusqu'à être zéro. Autrement dit on peut stipuler l'irresponsabilité.

Ce dernier argument nous paraît irréfutable.

Ajoutons que selon notre système, toutes clauses d'exonération en matière de transport est valable.

Le droit éventuel à l'indemnité au cas de perte est en effet *actuellement* (2) dans le patrimoine de l'expéditionnaire qui a tout loisir d'en disposer à sa guise.

C'est la solution à laquelle la Cour de Cassation

---

(1) Civ. Cass., 25 juillet 1881, D. 81, 1, 404 ; — 21 février 87, D. 87, 1, 408.

(2) « *Actuellement* » dans le sens de : « au moment de la conclusion du contrat de transport. »

belge est arrivée, après avoir longtemps décidé dans le même sens que la Cour de Cassation française. Un arrêt du 26 octobre 1877 replace le contrat de transport sous l'empire du droit commun en matière d'irresponsabilité conventionnelle. « Attendu, dit cet arrêt, qu'il est permis de convenir qu'un débiteur sera tenu de plus ou de moins que n'en exige en général la nature du contrat, et que les faits constitutifs de mauvaise foi sont les seuls dont les parties ne pourraient, sans blesser la morale, décliner la responsabilité... »

Il y a lieu de se féliciter de ce retour à des principes plus juridiques ; et il est permis d'espérer que, sous les efforts répétés de la doctrine, notre Cour suprême ne tardera pas à entrer dans la même voie que la Cour de Cassation belge (1).

---

(1) Voir sur la question : Lyon-Caen et Renault. *Droit commerc.* t. Ier, 903 914 ; — De Courcy : *Questions de droit maritime.* 2e série p. 67 ; Verne de Bachelard : *Responsab. des chem. de fer en matière de transport* ; — Marc Sauzet, *Rev. crit.* 1883, p. 637-640 ; — Sarrut, *Rev. crit.* 1885, p. 137 ; — Planiol, *Rev. crit.*, 1888, p. 285.

Vu :   Vu :

Le Doyen,   *Le Président de Thèse,*

E. LEDERLIN.   G. BOURCART.

Vu et permis d'imprimer :

Nancy, le 13 novembre 1889.

Le Recteur,

A. GASQUET.

BIBLIOGRAPHIE

I. — DROIT ROMAIN

Ducaurroy. — *Institutes expliquées.*

Grandmoulin. — Thèse de droit romain : *De la nature délictuelle de la Responsabilité pour violation des obligations contractuelles.* Rennes, 1892.

Jhering. — *De la faute en droit privé ; — l'Esprit du droit romain* (traduction O. de Meulenære).

May. — *Éléments de droit romain*, t. II, p. 5 et 484.

Maynz. — *Droit romain*, t. 2, §§ 258 et 352.

Murhead. — *Introduction à l'histoire du droit privé de Rome* (traduction Bourcart).

Robin. — Thèse de droit romain : *De la Responsabilité.* Paris, 1887.

Tarbouriech. — Thèse de droit romain : *De la responsabilité contractuelle et délictuelle.* Besançon, 1889.

II. — ANCIEN DROIT FRANÇAIS

Domat. — *Lois civiles*, L. 2, t. 8, sect. 4.

Dumoulin. — *Tractatus de eo quoil interest*, dans ses *Œuvres*, t. III, p. 422.

Lebrun. — *Essai sur la prestation des fautes.*

Pothier. — *Traité des obligations,* n⁰ˢ 116 à 124 ; — 453.

III. — DROIT MODERNE

Aubry et Rau. — *Droit civil,* t. 4.

Batbie. — *De la loi du 5 janvier 1883, Revue critique de législation et de jurisprudence,* 1884, p. 736.

Baudry-Lacantinerie et Wahl. — *Du Contrat de louage,* t. I.

Bedarrides. — *Des chemins de fer au point de vue du transport des voyageurs et des marchandises,* t. 2, n⁰ˢ 439 et suiv.

Bellom. — *De la responsabilité en matière d'accidents du travail* (1899).

Bonneville de Marsangy. — *Jurisprudence générale des assurances terrestres.*

Bonnier. — *Traité théorique et pratique des preuves en droit civil et criminel* (5ᵉ édition revue par Larnaude).

Bourcart. — *Responsabilité des locataires en cas d'incendie, France judiciaire,* 1887, p. 5.

Boutaud. — *Des clauses de non-responsabilité...*

Charmont. — *Examen doctrinal, Revue critique,* 1891, p. 85.

Chauveau. — Note aux *Pandectes françaises,* 92, 2, 129.

Chavegrin. — Note au *Sirey,* 87, 1, 465.

Cotelle. — *De la garantie des accidents, Revue pratique,* t. 55, 1886, p. 529.

De Courcy. — *Questions de droit maritime,* 2ᵉ série, p. 76.

Dalloz. — *Jurisprudence générale,* V⁰ *Louage.*

Deschamps. — *Le dol et la faute des incapables dans les contrats, Revue critique,* 1890, p. 276.

Desjardin. — *Le Code civil et les ouvriers, Revue des Deux-Mondes*, 1888, t. 86, p. 350.

Dramard. — *De la preuve du commencement d'incendie, Revue critique*, 1887, p. 248.

Demante et Colmet de Sauterre. — *Cours analytique de Code civil*, t. 2, 5. 7.

Demolombe. — *Distinction des biens, usufruit*, t. 1 et 2 ; *Contrats et obligations*, t. 1 et 5.

Duranton. — *Droit civil*, t. 10, 13, 17, 18.

Durocq. — *Théorie des fautes dans les délits, quasi-délits, contrats, quasi-contrats.*

Duvergier. — *Louage*, t. I, n° 412.

Fromageot. — *De la faute comme source de la responsabilité en droit privé.*

Fuzier-Herman. — *Bulletin des accidents du travail*, 1892, n° 3.

Gabriel. — Thèse sur *les accidents du travail*. Nancy, 1897.

Gaudoin. — *Les accidents du travail*. Paris, 1891.

Gérard (Marc). — *Le louage de service et la responsabilité des patrons, Revue critique*, 1888, p. 426.

Glasson. — *Le Code civil et la question ouvrière.*

Grandmoulin. — Thèse : *Nature délictuelle de la responsabilité pour violation des obligations contractuelles*. Rennes, 1892.

Guillouard. — *Traité du louage*, t. I, n°ˢ 249 et suiv.

Haumont. — *Théorie des fautes en droit français, Rev. prat.*, 1871, p. 505.

D'Hautuille. — *Dissertation, Revue de législation et de jurisprudence*, II, p. 269 et 342.

Huber. — *Responsabilité contractuelle en matière d'incendie*. Paris, 1898.

Huc. — *Commentaire du Code civil*, t. 8, n° 424 ; — t. 10, n°ˢ 314 et suiv.

Labbé. — Notes au *Sirey*, 76, 1, 345 ; — 85, 4, 25 ; - 86, 2, 97.

— Note au *Journal du Palais*, 1885, p. 33.

— *Revue critique* : 1876, p. 571 ; — 1886, p. 439 ; — 1887, p. 449.

— *Annales de droit commercial*, 1887, p. 187.

De Lalande et Couturier. — *Contrat d'assurance contre l'incendie.*

Larombière. — *Traité théorique et pratique des obligations*, t. 1er.

Lassaigne. — *Nouvelle loi sur les risques locatifs.* Paris-Angers, 1883.

Laurent. — *Principes de droit civil, passim.*

Lecourtois — Note au *Sirey*, 89, 2, 161.

Lefebvre. — *De la responsabilité délictuelle, contractuelle, Revue critique*, 1886, p. 405.

Lyon-Caen. — Notes au *Sirey*, 85, 1, 129 ; 87, 1, 124.

— Note au *Journal du Palais*, 87, 1, 281.

— *Examen doctrinal, Revue critique*, 1886, p. 360.

Lyon-Caen et Renault. — *Droit commercial*, t, 1er, 903, 914.

Marcadé. — *Code civil*, sur les art. 605-607 ; 1717 ; 1733, 1734 ; 1753 ; 1763, etc.

Menus-Moreau. — *De la responsabilité des patrons en matière d'accidents du travail.*

Merger. — *Du risque locatif, Revue pratique*, 1860, t. 10.

Merlin. — *Répertoire*, Vis *Incendie, Blessure, quasi-délit*, etc.

Meynial. — *De la sanction civile des obligations de faire et de ne pas faire ; Revue pratique*, 1884, t. 56, p. 431.

Mourlon. — *Répétitions écrites sur le Code civil.*

Noirot. — *Responsabilité des accidents industriels, La loi* n° du 29 octobre 1884.

Pascaud. — *De la responsabilité du co-locataire, Revue pratique*, 1884, p. 411.

— 155 —

Pépin-Lehalleur. — *Note sur l'interprétation du nouvel article 1734 du Code civil.*

Pirmez. — *De la responsabilité, Projet de révision des art. 1382 à 1386 du Code civil.* Bruxelles, 1888.

Planiol. — *Examen doctrinal, Revue critique,* 1888, pages 285 et suivantes; — 1890, page 342; — 1893, page 203.

— Note au *Dalloz,* 92, 2, 521.

Proudhon. — *Usufruit.*

Rencker — Thèse sur la *non-responsabilité conventionnelle.*

Richard et Maucorps. — *Traité de la responsabilité civile en matière d'incendie.*

Robin. — Thèse : *De la responsabilité notamment au point de vue de la clause de non responsabilité et du fardeau de la preuve.* — Paris, 1887.

Rouard de Card. — *France judiciaire,* 1891, p. 97.

Sainctelette. — *Responsabilité et garantie.*

Saleilles. — *Essai d'une théorie générale de l'obligation d'après le projet de code civil allemand.*

Sarrut. — Notes au *Dalloz,* 85, 1, 433; — 90, 1, 209; — *Revue critique,* 1885, p. 137-138.

Sauzet. — *Note sur les articles 1733-1734, Revue critique,* 1879, p. 568.

— De la responsabilité des locataires envers le bailleur, *Revue critique,* 1885, p. 166.

Revue critique, 1883, p. 616.

Sourdat. — *Traité de la responsabilité.*

Toullier. — *Droit civil,* t. 3, 4, 6, 11.

Troplong. - *De la vente,* t. I.

— *Du louage,* t. 1 et 2.

Vavasseur. — *Observation sur la loi du 5 janvier 1883; Journal des Assurances,* 1883, p. 161.

Vavasseur. — *De la responsabilité des accidents de fabrique. — Revue des Sociétés*, 1890, p. 208.

Verne de Bachelard. — *Responsabilité des chemins de fer en matière de transport.*

Vigié. — *Cours de droit civil*, t. 2.

Vincent. — *Des clauses d'irresponsabilité sur le contrat de transport.*

Willems. — *Essai sur la responsabilité civile, art. 1382 à 1386 du Code civil.*

Zems. — Thèse sur *la responsabilité du voiturier à raison des accidents de personnes.*

TABLE DES MATIÈRES

    La distinction des deux responsabilités est parfaite-
ment juste et fondée. Elle a intérêt quant à la naissance

www.ingramcontent.com/pod-product-compliance
Lightning Source LLC
Chambersburg PA
CBHW072051080426
42733CB00010B/2075